이해의 꽃
·
사랑의 별
·
행복의 노래

이해의 꽃 · 사랑의 별 · 행복의 노래
― 교사·학생·학부모와 나누고 싶은 마음 이야기

박 금 선 지음

지성의샘

작가의 말

 이 책의 내용은 저자가 약 34년간 교직생활을 하면서 학교현장에서 체험한 것들과 교사·학생·학부모와의 상담과정에서 느낀 것, 그리고 일상생활에서 경험한 것들을 토대로 하고 있습니다.
 먼저, 이 책 속의 글들은 문학적 가치로 평가받기 위해 쓰여진 것이 아님을 밝혀 둡니다.
 교사·학생·학부모와 나누고 싶은 마음을 이야기로 풀어내고자 한 것입니다.
 학교가 우리 사회에 존재하는 이상, 그리고 자녀들이 학교를 다니는 현 시점에서 우리는 학교를 생각하지 않을 수 없습니다.
 저자는 학교 교육의 이상향(理想鄕)을 염두에 두고 교육에 임했습니다. 그 움직임의 하나가 이 작은 책으로 이끌지 않았나 싶습니다.
 교사·학생·학부모 간 이해 증진을 통하여 교육현장이 보다 평화롭고 행복한 분위기로 진전되어 교육의 효과가 배가 되기를 염원하는 마음에서 출발하였습니다. 더 나아가, 학교폭력 문제 발생 시 학생-학생 간, 교사-학생 간, 교사-학부모 간, 학생-학부모 간, 학부모-학부모 간의 폭넓은 이해로 갈등이 빠르게 해결되기를 소망하는 마음을 담았습니다.

글 속엔 스승과 제자 간의 눈에 보이지 않는 따뜻한 사랑이 녹여져 있고, 교사의 보람과 어려움, 아이들의 기쁨과 슬픔, 부모님의 자식 사랑, 그리고 아이들의 바램 등이 곳곳에 녹여져 있습니다. 또한, 교육에 노고가 크신 교사, 학부모님들께 작은 위안이라도 드리고자 부족한 글이지만 힐링이 될 수 있는 글도 담아 보고자 노력했습니다.

행복한 나, 행복한 자녀, 행복한 학교, 행복한 가정, 행복한 나라, 행복한 세계가 되려면 나 자신의 심신부터 건강하고, 우리 가정부터 건강해야 함을 뼛속 깊이 느끼기에 학교 현장에만 국한한 글이 아닌 우리의 삶 전체를 일부씩 떼어 조금씩 터치해 보기도 했습니다.

쓰여진 글들을 굳이 문학장르로 구분한다면 시(시조 포함)와 수필입니다.

나누고 싶은 마음의 이야기들이 많으나 일일이 글로 상세히 쓰기에는 지면의 협소함과 제 표현력의 부족으로 다 쓸 수 없어 '시'라는 형식을 빌어 마음을 함축하여 전달하고자 했고, 시조는 선생님들이 어린 학생들에게 시조를 가르칠 때 잣수율 맞추는 것에 도움이 되고자 몇 작품 넣었습니다. 수필은 저자가『수필춘추』수필지에 이미 발표한 세 작품과 잊지 못할 제자 중 두 명에

관한 이야기를 넣었습니다. 오래 전에 써 둔 「엄마가 둘인 아이」는 내용이 길어 간직하기만 했던 것을 이 시대의 어머님들과 꼭 나누고 싶어 이 책에 넣었습니다.

학교는 '제2의 집'이라 해도 과언이 아니라 생각합니다. 낮의 1/2 이상을 학교에서 보내는 학생들에겐 더욱 그렇습니다. 그런 의미에서 학교의 교사는 때때로 제2의 부모 역할도 해야 하지 않을까 생각합니다.

교육에 앞서 우리는 먼저 사람에 대한 이해부터 해야 하지 않을까요?

책 속의 글들이 교사에게는 보람과 힐링이 되어 학생들에게 지금보다 더 크고 넓은 사랑을 베풀 수 있는 마음을, 학생들에겐 선생님과 부모님들의 마음을 헤아릴 수 있는 혜안을, 학부모님들에겐 교사와 자녀 그리고 타인의 자녀를 내 자녀처럼 이해해 줄 수 있는 마음을 선사해 줄 수 있다면 더 없는 영광이겠습니다.

교육과 자라나는 새싹들의 영혼에 대한 사랑이 담긴 글들이 교육의 길을 가는 분들과 교육을 받는 학생들, 그리고 교육에 관심을 가지는 모든 분들께 한 부분이라도 도움이 되면 좋겠습니다.

부족함이 많지만 출판을 맡아주신 출판 관계자 여러분에게 감사함을 전합니다.

2022년 9월

박 금 선

CONTENTS

● 저자의 말 · 4

◆ 교육의 이상향(理想鄕), 사랑으로…

위로 _ 14
아름답고 소중한 말 _ 15
내 안의 방 _ 16
달력을 보며 _ 17
그리운 선생님 · 1 _ 18
그리운 선생님 · 2 _ 20
그리운 선생님 · 3 _ 22
아버지의 그리운 선생님 _ 24
널 생각한다 _ 26
사랑 고백 _ 27
기(氣)는 빛보다 빠르단다 _ 28
사람의 가슴은 _ 29
새벽 사원 앞에서 _ 30
신의 숙제 _ 31
환경정리 _ 32
축 어린이날 _ 34
이른 아침의 교정 _ 36
꽃길 등교 _ 37
추억 어린 스승의 날 _ 38
업어줄까? _ 40
순대 선물 _ 41
나의 편견을 깬 것들 _ 42
울지 마 _ 43

네가 생각날 때 _ 44
긍정의 자기 암시 _ 45
하늘을 우러르며 _ 46
집중력 Up! 즐거움 Up! 박수 _ 48

◆ 슬픈 우리 아이들, 이해의 꽃으로…

창가의 새 _ 50
사랑한다면서 _ 51
뒷모습 _ 52
슬픈 아이 · 1(봉사상 받는 날) _ 53
슬픈 아이 · 2(쪽지 편지) _ 54
슬픈 아이 · 3(주말이야기) _ 55
슬픈 아이 · 4(아~, 스트레스!) _ 56
슬픈 아이 · 5(엄마의 이름) _ 57
비밀 얘기 · 1 _ 58
비밀 얘기 · 2 _ 59
비밀 얘기 · 3 _ 60
이런 선생님이 좋아요 _ 62

◆ 인성교육 시 나누면 좋은 이야기

천사와 연꽃 _ 64
사람의 유형 · 1 _ 66
사람의 유형 · 2 _ 67
사람의 유형 · 3 _ 68
교실의 비극 _ 69

밤벌레들의 투신 _ 70
어느 청년의 읊조림 _ 71
아버지와 나 _ 72
학생들의 1분 스피치 중에서·1(유행을 따르는 것이) _ 74
학생들의 1분 스피치 중에서·2 (부모님께 바랍니다) _ 75
스승의 고뇌·1 _ 76
스승의 고뇌·2 _ 77
이런 사람은 되고 싶지 않았다 _ 78
버드나무 _ 79
자식에 대한 과욕 _ 80
매실을 따며 _ 81

◆ 힐링의 벗으로

5월, 파랑새의 덕담 _ 84
6월의 장미 _ 86
당신이 오는 날 _ 87
이 길을 함께 걸어요 _ 88
이뻐지는 날들의 향연 _ 90
내 안의 벗 _ 92
바다와 섬 _ 94
별에서 영원까지 _ 96
흔적 _ 97
영원의 벗 _ 98
그녀를 보면 _ 99
심연의 정원 _ 100
침묵과 악수하기 _ 101

그대에게 드리고 싶어요 _ 102
천 마리의 종이학 _ 103
상처 _ 104

◆ 다양한 삶의 빛들

지나친 물욕 _ 106
가족 _ 107
텃밭 _ 108
아버지의 노후 사랑 _ 110
엄마의 꽃 _ 112
서랍을 정리하면서 _ 114
엄마가 독서를 한다는 것은 _ 115
무덤 _ 116
부부·1 _ 118
부부·2 _ 119
부부·3 _ 120
침대·1 _ 121
침대·2 _ 122
침대·3 _ 123
침대·4 _ 124
침대·5 _ 125
엄마의 수첩, 저축통장 _ 126
수업 중 전화·1 _ 128
수업 중 전화·2 _ 129
어머니의 그림을 보며 _ 130
읽혀지지 않은 사랑의 쪽지 _ 132

결혼 선물 _ 134
자유로와 비무장지대(DMZ) _ 136
인연 회상 · 1 _ 138
인연 회상 · 2 _ 139
합창 _ 140
동행 _ 141
정서진의 일몰 _ 142
돗자리 _ 144

◆ 시조의 날개로 날아보기

님 _ 146
겨울 장터 _ 147
소망 _ 148
당신은 _ 149
한 제자를 위한 기도 _ 150
작별 후 _ 151

◆ 삶의 향기

출발 _ 154
아름다운 여행, 아름다운 당신! _ 158
유년의 기억 _ 164
잊을 수 없는 제자 · 1 _ 169
잊을 수 없는 제자 · 2 _ 173

◦교육현장에서 노고를 아끼지 않으시는 선후배 선생님들과
그 선생님들을 따르는 사랑스런 제자들, 그리고 교육의 발전을
기원하는 모든 분들께 이 책을 바칩니다.
끝으로, 교사의 길을 가는 저보다 더 교육애가 크신 부모님,
그리고 사랑하는 가족들과 지인들께도 이 마음을 나눕니다.

감사합니다.

교육의 이상향(理想鄕), 사랑으로…

위로

괜찮아
넌 잘하고 있는 거야

네 고통이 얼마나 크겠니
너의 힘겨움을 이해해

그 어떤 역경이 와도
네가 지금까지
인고로 피워낸 꽃처럼
너의 땀이 서려 있는
매화 향기는
결코 사라지지 않을 거야

다시 의연히 일어나
꿋꿋이 걸을 너에게
갈채를 보낸다.

아름답고 소중한 말

슬픔은 나누면 반
기쁨은 나누면 배가 된대
무슨 일이 있는 거구나

밥 꼭꼭 잘 먹고 다녀
공부도 좋지만 건강이 최고야

밤 늦게 다니지 마
위험하니까

문단속 잘하고 자
누가 업어갈라

세상을 다 얻어도
건강을 잃으면 아무 소용이 없대

이리와, 업어줄게
힘들 때 언제든 연락해

가장 아끼고 사랑하는 ○에게.

내 안의 방

내 안엔 방이 세 칸 있다

우울할 때 들어가는 방
마냥 기쁠 때 들어가는 방
누군가 그리울 때 들어가는 방

우울의 방엔
따스한 엄마의 미소가 있고

기쁨의 방엔
흥겨운 아버지의 노래가 있고

그리움의 방엔
친구의 아름다운 Classic Guitar 선율이 있다

내 안의 방으로
난 결코 넘어지지 않는다.

달력을 보며

한 주 단위로
뚝뚝 떨어지는
시간을 생각하며
떨어져 나간 시간만큼
나의 성장을 돌아본다

내가 많이 웃었는가
아이들을 많이 웃게 했는가
무엇을 나누었는가
무엇을 이루었는가

보이지 않는 것들이
보이는 것보다
소중할 때가 많음을
오늘도 절감하며
행복의 길로 더 나아가는
마음의 눈을 닦아본다.

그리운 선생님 · 1

"선생님!" 하면
떠오르는 선생님

"참 스승님!" 해도
떠오르는 선생님

허리 높이만큼
운동장에 눈 쌓이던 날
우리들과 눈싸움으로
화장이 얼룩져
검은 눈물이 흐르던 선생님

그래도 하하하 웃으며
우리와 손잡고
눈밭에 몸을 던져
함께 누워
하늘을 바라보셨던 선생님

그 시절 생각하면
절로 미소가 번지고

마냥 행복해집니다

엄마의 모습처럼 따뜻했던
그리운 선생님!

그리운 선생님 · 2

저녁 노을 붉게 물들고
집집마다 굴뚝 연기 피어오를 때

서산에 별이 내리고
봄바람이 문밖에서 손짓할 때

선생님이 주신
하모니카를 만지작거립니다

초가을 저녁
교정의 잔디에 누워
선생님과 함께 연주했던
그 소리 그리워
하모니카 하나 달랑 들고
집 밖을 나섭니다

아이들 떠난 교정엔
선생님과 나만의
연주 소리 들립니다

바람 불어
내가 울던 날
선생님의 옷자락으로
날 품고 걸었던
그 모습도 보입니다

선생님을 위해
오늘은 이 교정에서
제가 홀로 연주를 합니다

내 그리운 선생님!

그리운 선생님 · 3

"내 고향 가고 싶다
그리운 언덕
동무들과 함께 올라
뛰놀던 언덕
……
메아리 부르겠지
나를 찾겠지."

풍금을 연주하며
가르쳐 주신 노래
그리운 언덕!
내 가슴에
처음으로 새겨진 첫노래

그리운 언덕만큼이나 그리운
선생님의 따뜻하신 마음!
어느 겨울,
옷 얇은 친구에게
따스한 스웨터와
털바지를 입혀주셨지

그 모습에서
'나도 저런 선생님이 되어야지.'
소망을 품게 되었지

초등학교 2학년
어린 나에게
변하지 않을 꿈을 심어주신
존경스런 선생님!

지금은 어쩌면
하늘나라에 계실 선생님!
그리운 선생님!

선생님,
뵙고 싶습니다.
저도 선생님의 뒤를
따르고 있습니다.

* 엄마의 스승님이시기도 했던 '김용직' 선생님의 건안을 빌며…

아버지의 그리운 선생님

선아,
이런 선생님이 되었으면 좋겠다

학생 자신이 모르는
소질을 발견해 주는 선생님!

내 나이 지금 85세
초등학교 시절 김옥봉 선생님만 떠올리면
순간순간 아이가 되고
내 머릿속 스치기만 해도
축 처져있던 몸이 활기가 돈단다

선생님은
내 음성이 좋다며
합창단에 나를 넣어
솔로 부분을 부르게 했어
그 외에도
시 낭송이며 농촌 위문공연에서
꼭 노래를 하게 했지

그 시절 생각하면
가슴이 울렁거린다

요즘 TV에 나오는
「누가 누가 잘하나」 프로를 볼 때마다
어렸을 적 노래하던 시절이 떠오른다

성장해 가면서
친구들 이름은 잊었어도
나의 소질을 발견해 꽃 피워주신
김옥봉 선생님은 잊을 수 없어
나를 지탱해 주는 선생님이시지
죽을 때까지도 잊혀지지 않을 거야

부디
생각만 해도 활력을 넘치게 하는 존재
죽을 때까지 기억나고 생각나는
그런 좋은 선생님으로 남길 바란다.

＊하늘나라에 계실 김옥봉 선생님께 감사드리며
아버지의 선생님에 대한 감사함과 그리움을 알아주시길, 그리고
후배들이 이런 교사가 될 수 있기를 기도하는 마음에서 아버지의
말씀을 가감없이 글로 옮겨 봅니다.

널 생각한다

힘들지는 않는지…
아픈 곳은 없는지…
잠은 편히 자는지…
외롭지는 않는지…

가끔 그렇게 널 생각한다

건강하게 잘 지냈으면
힘있게 사람들 만나고
원하는 것 성공적이었으면
비행기 무사히 타고 왔으면…

맑은 음악 들으며
그렇게 널 생각한다.

* 해외유학을 떠날 때 울며 인사하던 제자에게

사랑 고백

난 네가 좋아

마음씨
말씨
맵시가 이뻐서….

기(氣)는 빛보다 빠르단다

기는 빛보다 빠르단다
한 아이가
아무리 말썽을 피운다 해도
그 아이를 미워하지 마
표현을 안 해도
아이들은 알아

사랑은 앓던 병도 치료해 준단다
아이들을 사랑으로 보듬어줘
표현을 안 해도
아이들은 다 알아.

*큰언니(박주연)의 조언 중에서

사람의 가슴은

웃고 있다고
다 웃는 가슴 아니다
울고 있다고
다 우는 가슴 아니다

비어 보인다고
다 빈 가슴 아니다
가득 차 보인다고
다 채워진 가슴 아니다

부드럽게 보인다고
다 부드러운 가슴 아니다
강하게 보인다고
다 강한 가슴 아니다

침묵한다고
다 할 말 없는 가슴 아니다
말 많다고
다 말하고 싶은 가슴 아니다

때때로
사람의 가슴은……

새벽 사원 앞에서

여행은
무엇을 보기 위함보다
자신을 만나는데
더 큰 의미가 있지 않을까

내 안의 등불을
다시 환하게 켜고
새벽의 사원처럼 서 있다

나의 등불은
무엇을 밝히고 있는가
저 새벽 사원의 등불이
나를 비추듯
나의 등불은
그 어느 가슴에 닿아
빛나고 있는가.

신의 숙제

신이 우리에게
해결해야 할
문제를 주는 이유는
인간에게
문제가 없으면
인간이
문제를 만들기 때문인지도 모른다

인간이 만드는 문제는
잔혹할 때가 너무 많다

오늘도
나에게 주어진
아이들 사랑의 숙제를
달게 받고 풀어야겠다.

〈채아의 새해편지〉

환경정리

학기 초
환경정리를 한다

작품 게시판
약속의 장
독서 코너
책걸상 수 맞추기와 닦기 등

물리적 환경도 중요하지만
학생들에게 지대한 영향을 줄 수 있는
교사 자신의 잠재적 환경에도
심혈을 기울인다

인성과 품격
학습 준비도
심신의 건강
언행
취미 생활 및 교육효과에 영향을 주는 활동
관심과 사랑의 표현을 어떤 방법으로 할 것인가 등

교사의 잠재적 환경은 학기 초뿐만 아니라
교육과정 내내 그 영향력이 높아 더욱 돌아보게 된다.

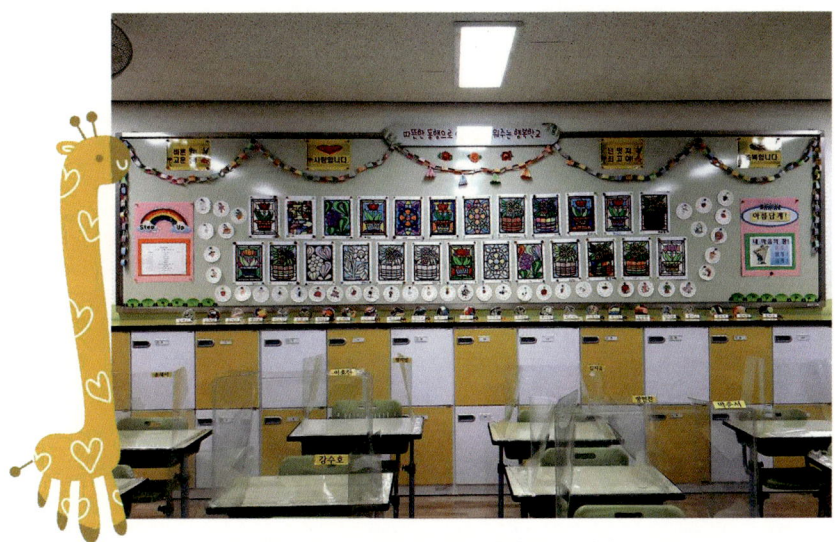

병환 중에도 아이들의 밝은 앞날을 기원하는 마음으로
'축복의 종과 꽃과 고리'를 손수 만들어 주신 엄마께 감사함을 올리며……

축 어린이날

선생님이 Guitar를 연주하며
아이들에게 노래를 불러준다

"사랑하는
 우리 반 친구들
 맑고 예쁘게 자라세요
 건강하고 씩씩하게 자라세요
 사랑합니다
 사랑합니다
 언제나 행복하세요
 언
 제
 나
 행--복하세요~~~~."

우와~~~!
앵콜~~~!
아이들의 환호와
박수가 터져나온다.

여러분,
어린이날을 축하합니다
여러분을 위해
마음의 선물로
선생님이 특별히 작사를 했는데
행복했나요?

네~~~~!
목이 터져라 아이들이 대답한다

어린이 날,
어린이들은 정말 행복해야 한다.

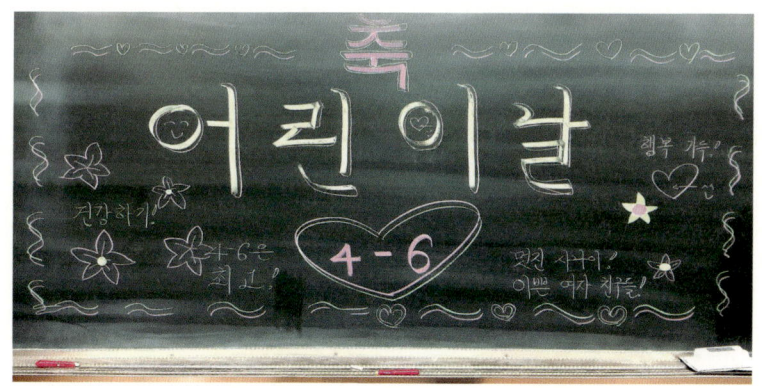

이른 아침의 교정

빈 운동장
비둘기들이
평화로이 모이를 먹다
후루룩 떼를 지어 날아간다

꽃밭 한 귀퉁이
일찍 등교한
난독증 희영이가
나뭇가지로 땅을 파고 있다

문득
희영이와 내가
비둘기 한 쌍 되어
후루룩 어디론가 날아가고 싶어진다

남들 가지 않는 길로
글을 몰라도 행복한 세상으로
단 둘이 훠얼훨…….

꽃길 등교

꽃길을 달리며 학교로 왔어요
길 양쪽으로
하얀 꽃잎들이 화사했어요

선생님이 오시는 길도
꽃길인가 생각했어요

선생님과 꽃길을 걷는다 상상하니
행복감이 밀려왔어요

선생님,
오늘도 꽃처럼 웃으며
많이 많이 행복하세요.

추억 어린 스승의 날

이른 아침
조용한 교실 문을 열었을 때
아이들이 어디서 숨어있다 나왔는지
숨바꼭질 하듯
여기저기서 다가온다
꽃 한 송이씩 들고 노래를 부른다

"스승의 은혜는 하늘 같아서
 우러러 볼수록 높아만지네
 ……
 스승은 마음의 어버이시다
 아-아, 고마워라 스승의 사랑
 아-아, 보답하리 스승의 은혜."

가슴이 먹먹해지고
눈시울이 붉어져
말을 잇지 못하다
결국 눈물을 떨군다
감동과 감사와
보람과 행복의 눈물!

칠판에는
아이들의 사랑 메시지가 가득하고
책상 위엔
감사의 편지와 그림엽서들이 가득하다

이 보람을 누가 알까
이 행복을 누가 알까

세상의 여러 빛들이 변색되어도
스승과 제자 간의
그 순수하고 뜨거운 감정은 변치 않으리라.

업어줄까?

"업어줄까?"

그 얼마나
삶의 무게를 덜어주는 표현인가

그 얼마나
사랑받고 있음을 자각하게 해주는 표현인가

업어주고 업힐 수 있는
존재가 있다는 것은
이 세상에서
또 얼마나 큰 위안이며 축복인가

아이들에게 주는 상 중에
아이들이 가장 크게 웃으며
좋아하던 상은
업어주는 상이었다.

순대 선물

얼굴이 가무잡잡하고
키가 크지 않고
여리여리한 몸을 지녔으나
욕 잘하고
툭하면 잘 싸우던 현준이가
중학생이 되었다

어느 스승의 날 오후
누군가 교실문을 두드린다
현준이다
검은 봉지 하나 들고
쑥스럽게 들어온다

선생님, 이거 드세요
딱히 살 선물이 없어
제가 제일 좋아하는 순대를 사왔어요

나는 현준이 덕분에
평소 먹지 않던 순대를 처음으로 맛보았다
현준이가 웃으며 먹는 모습이
더 큰 선물로 다가왔다
그 무엇보다 소중한 선물이다.

나의 편견을 깬 것들

핑크 호수
블랙 스톤 해변
바다의 은하수
검은색인 줄 알았던 흑해
비 올 때 붉어지는 야떼 호수
Kiss로 알았던 멀리서 본 인공호흡!

나의 편견을 깬 것들로 인하여
더 이상 난
미술시간
학생들에게
"무엇은 무슨 색이다" 라고
가르치지 않기로 했다

직접 본 것이 분명하더라도
내가 본 것이 다가 아닐 수 있다고
내 판단이 맞지 않을 수 있다고
상대방의 의견을 좀 더 들어봐야 한다고
조심스럽게 가르치기 시작했다.

울지 마

울지 마
우는 것이 미워서가 아니라
우는 것도 이쁘지만
마음이 아파서 그래.

네가 생각날 때

운동장에서
아이들이 축구하는 것을 볼 때

체육대회 날
계주 선수가 앞 선수를 추월하는 것을 볼 때

여학생들과 창밖을 보며
노래를 부를 때

혼자
혼자 밥을 먹을 때

아무도 없는
교실 앞 긴 복도를 걸을 때

축구 훈련을 마치고
선생님의 팬플룻(Panflute) 소리 듣고 싶어
복도 끝에 몰래 숨어 앉아 있었다는
축구선수가 꿈인 너를 생각한다.

긍정의 자기 암시

나는 아직 푸르다
나는 아직 뛸 수 있다

무엇이든 할 수 있다
무엇이든 될 수 있다

아침마다 거울 앞에서
나 자신에게 힘을 준다
용기를 준다

멋진 나!
이쁜 나!

사랑받는 나!
사랑하는 나!

하늘을 우러르며

기도에 지친 영혼들이 너무 많습니다

성전 단상에
여러 번 입 맞추며
엎드려 기도하는
어린 아이의 눈동자를 보셨나요

성당을 공명하는
합창단의 성가는
갈망과 간구와
애조를 띠고 있습니다

성스런 성당 입구에서
신의 물건을 파는 이들의 얼굴조차
슬픔이 드리워져 있습니다

우리는
신의 무엇을 믿고
신의 무엇에 의지하고 있을까요?

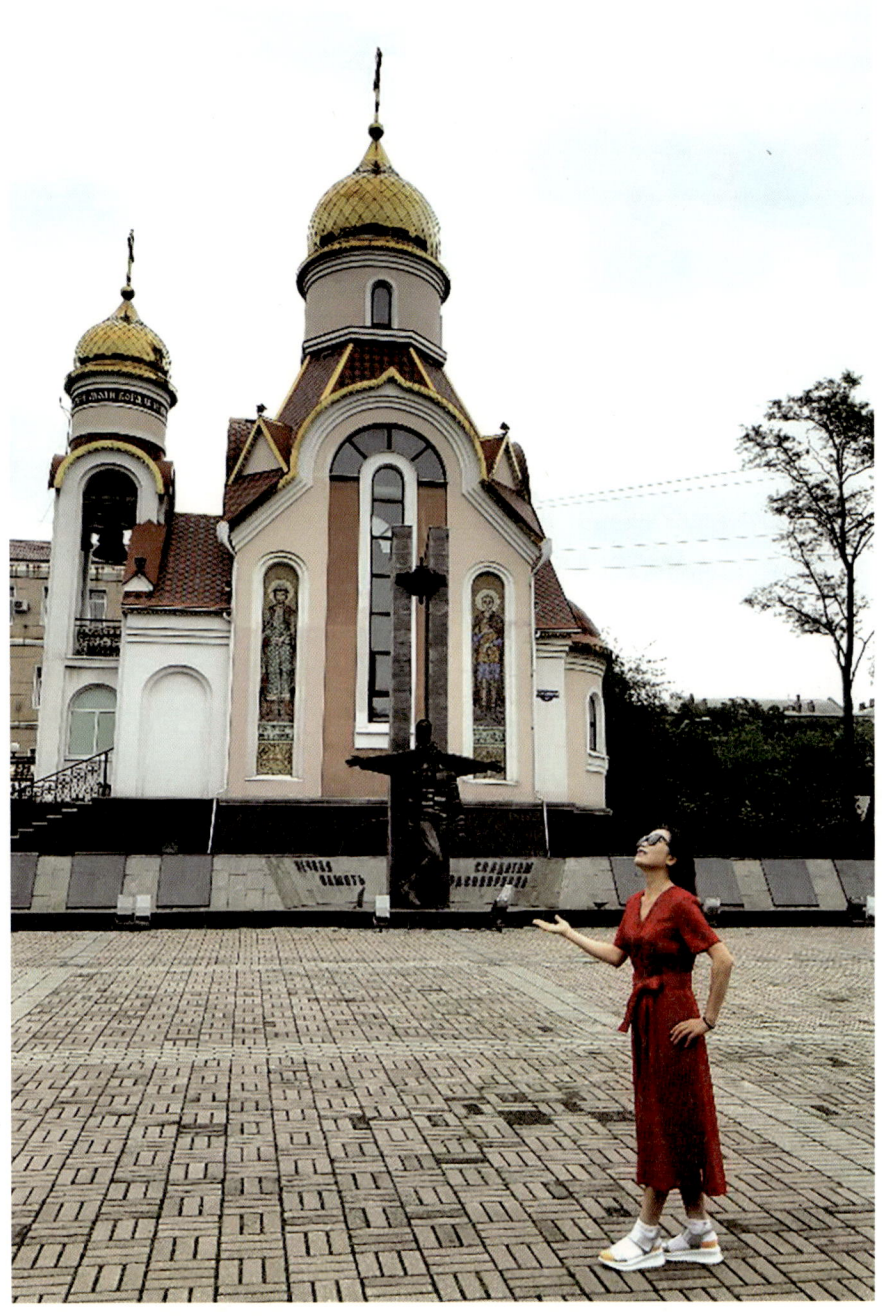

집중력 Up! 즐거움 Up! 박수

교실에서
학생들이 지쳐갈 때
집중력이 저하될 때
즐거움이 필요할 때
함께 해봐요

건강 박수
아기 박수
킹콩 박수
소나기 박수
찌게 박수
뇌 운동 박수
이수일과 심순애 박수
껌 박수 (한국껌 / 일본껌 / 러시아껌 박수)

박수를 함께 칠 때면
아이들의 눈이 반짝인답니다.

슬픈 우리 아이들,
이해의 꽃으로…

창가의 새

새 학년 첫날
창가에 걸터앉아
운동장을 바라보던 모습이
나와의 첫 만남이었던 새

책상 앞 의자에
다소곳이 앉아
초롱한 눈망울로
선생님을 기다리는
다른 새들과는 달리
허기에 찬 눈망울로
금방이라도 울 것만 같았던 새

그날은
엄마가 멀리 떠났던 날이란다.

사랑한다면서

사랑한다면서
왜 엄마는
나를 방과 후 돌봄교실에 맡길까요?
나도 엄마처럼 집에 있고 싶은데…

사랑한다면서
왜 아빠는
나와 함께 살지 않을까요?
나는 아빠와 함께 살고 싶은데…

사랑한다면서
왜 나를 두고 떠날까요?

뒷모습

바다에 잠겨
소식도 없는
세월호 아들을 기다리며
힘없이 주저앉아
하염없이 바다만 바라보는
엄마의 뒷모습

눈물 주룩주룩 흘리며
흐느끼는 앞모습보다
더 처절하고
가슴 아프게 다가온다

보이지 않아도 느껴지는
처절한 엄마의 무너진 가슴
뒷모습은
앞모습보다 강하다.

슬픈 아이 · 1
－봉사상 받은 날

드디어 내가 상을 받았다
가방은 등에 메고
상장은 손에 들고
펄쩍펄쩍 뛰어 집으로 갔다

엄마, 엄마~
나 상 받았다~~

무슨 상?

봉사상
멋지지?

봉사상은 받아 무얼 하니?
공부상을 받아야지
……
그날 일기장엔
떨어진 눈물 자국과
밤새 손으로 정성껏 그려 넣은
봉사상 테두리와
또박또박 쓰여진 상장글만이
외롭게 빛나고 있었다.

슬픈 아이 · 2
- 쪽지 편지

저는 요즘 혼자 있어요
학교 끝나고 집에 오면 심심해요
아빠는 밤늦게 들어오시고
누나는 제가 모르는 곳으로 놀러간대요

선생님, 이건 비밀이예요
엄마와 아빠가 이혼했어요
엄마는 미국으로 일하러 가셨대요
요즘 제 기분이 이상해요

선생님,
제 말 들어주시는
선생님이 계셔서 정말 좋아요.

슬픈 아이 · 3
−주말 이야기

동생과 놀고 있는데
"쨍그랑" 소리가 들렸어요

무슨 일인가 나가 보니
아무 소리도 나지 않았어요

잠시 후

안방에서 아빠의 목소리가 크게 한 번 들렸어요
살금살금 다가가 문을 빼꼼히 열어보니
아빠 밥상 위에 국그릇이 넘어져 있고
방바닥에 콩나물이 여기저기 흩어져 있었어요

나는 살금살금 내 방으로 돌아와
동생에게 별거 아니라고 말하고
다시 동생과 놀아주었어요
숨죽이고 놀았어요.

슬픈 아이 · 4
-아~, 스트레스!

우리 외숙모는 참 이상하다
그렇게도 자식 자랑을 하고 싶을까

나는 시험을 망쳐 엄마한테 혼났는데
외숙모는 딸이 올백 받았다고 큰소리로 자랑했다

엄마는 나를 더 노려보았고
내 기분은 시험보다 더 엉망진창이 되어버렸다.

슬픈 아이 · 5
− 엄마의 이름

초등 3학년 여학생이
인터넷상에서
중 3 남학생과
불미스런 만남이 있다고
모중학교로부터
지도해 달라는 연락을 받았다

아이는
심심하고 외로웠단다
그 오빠가 좋았단다
엄마 아빠가 저녁 늦게 출근하고
다음날 아침에 퇴근하신단다

엄마 아빠는
자기를 홀로 버려두지만
오빠는 그렇지 않단다

핸드폰에 저장된 엄마 이름은
「나쁜 year」이었다

우리는 무엇을 위해 열심히 사는 것일까
나는 어떤 이름의 부모일까?

비밀 얘기 · 1

선생님,
엄마 아빠는
매일 싸우면서 왜 결혼을 했을까요
매일 싸우려면 같이 살지 말지

아마 너무 사랑해서일 거야
너무 사랑해도 싸움을 한대
사랑하지 않으면
싸움도 안 하고 그냥 헤어진대

그래도 결혼하면
싸움은 안 좋은 것 같아요
동생이 많이 울거든요

그래, 맞아
나도 그렇게 생각해
동생과 네가 많이 슬프겠구나.
(도닥도닥)

비밀 얘기 · 2

저희 애가 도벽성이 있어요
선생님,
이 부분을 꼭 고쳐주시면 좋겠어요

첫 만남에서 자존심 뒤로 한
처음으로 듣는
자식의 치부에 대한
어머님의 진솔한 가슴!

네, 어머님
감사합니다
믿어주시고
드러내기에 어려웠을 말씀을 해주셔서…

최선을 다해
표시나지 않게
잘 선도하겠습니다.

비밀 얘기 · 3

선생님,
저 지난 주말에 배가 많이 고팠어요
엄마 아빠가 연애를 하느라 밥도 주지 않았어요
어휴~,
정말 배가 너무 너무 고팠어요

힘들었겠구나
그런데 ○○가 부모님이 연애를 하는지
어떻게 알았을까
다른 사정이 있을 수도 있지 않을까
아프시다든가…
엄마를 불러보지 그랬어, 밥 달라고

네~
밥 달라고 불렀는데 듣지도 못했어요
문 닫고 있었거든요

문을 닫았으니
밥 못 주신 사정이 다를 수도 있겠네

아니예요, 분명해요
이상한 소리가 들렸거든요

연애가 뭔 줄 알아?

네, 알아요
둘이 좋아서 껴안고 같이 있는 거요

오~, 그렇게 생각했구나
○○는 좋겠다
다른 친구들은 부모님이 매일 싸워서 힘들다던데…
우리 ○○가 조금만 너그러운 마음으로
엄마 아빠를 이해해 드리면 안 될까?
지금까지 이렇게 ○○를
포동하게 키워주셨으니까
그리고 어쩌다 그러신 거니까, 안 그래?

네, 맞아요
잘 싸우시지는 않아요
엄마는 맨날 아빠만 오시면 웃어요
(말끝을 흐리며) 어쩌다… 처음 그랬으니까…

우리 ○○는 이해하는 마음이 넓구나
참 멋진 아들이야.(도닥도닥)

이런 선생님이 좋아요

마음이 착하신 선생님
잘 웃으시는 선생님
유머 감각이 있는 선생님
우리 이야기에 귀 기울여 주시는 선생님
노래를 자주 불러주시는 선생님
체육활동에 적극적이신 선생님
답답하지 않은 선생님
우리와 놀아주시는 선생님
이런 선생님은 정말 좋아요.

인성교육 시
나누면 좋은 이야기

천사와 연꽃

내가 먼저 밝게 인사하고
내가 먼저 고운 말을 건네고
내가 먼저 양보하며
도움을 주는 사람은
사랑의 천사래요

주위가 아무리 지저분하고
흙탕물로 싸여 있어도
자신의 맑음을 잃지 않고
그 주위까지 맑게 하는 사람은
자비의 연꽃이래요

우리 모두
사랑의 천사와
연꽃같은 마음으로 생활한다면
우리 반은 더욱 행복해지겠죠?

스승의 날, 제자 KJY가 그려준 선물 : 천사와 연꽃

사람의 유형 · 1

○
△
□

어느 것이 가장 잘 길을 갈까요?
길을 잘 가는 순서대로 말해 볼까요?

○
△
□

나는 어느 것을 닮았을까요?

친구와 함께 길을 갈 때
친구와 부드러운 관계를 유지하려면
어떻게 누구처럼 가야 할까요?

사람의 유형 · 2

은은하나 귀티 나는 보석
화려하나 가벼워 보이는 보석
빛에 비추었을 때 찬란히 빛나는 보석

여러분은 어느 보석일까요?
앞으로 어느 보석이 되고 싶은가요?

사람의 유형 · 3

독뱀
약뱀

독뱀을 먹으면 죽는다고 해요
약뱀은 죽어가는 사람도 살린다고 합니다

나로 인해 힘들어 하는 친구가 있을까요
나로 인해 힘을 얻는 친구가 있나요
나는 현재 어느 유형의 사람일까요

주위에 도움이 되고
힘이 되어주는 사람은 약뱀의 유형입니다
우리 교실에서 뿐만 아니라
장차 어른이 되어서도
어떤 사람이 될 것인가 생각해 봅시다

여러분 모두 이 사회에서 약뱀의 역할을 하는
훌륭한 인재로 성장하길 선생님은 기원합니다.

교실의 비극

그 학생은 참 무심히도 산다
아무런 일이 없는 듯
아무런 잘못이 없는 듯

친구들이 등 돌리고 지내는 데는 이유가 있다

선생님 앞에선 어린 양
선생님 없으면 친구들이 싫어하는 늑대

친구들은 그의 문제행동을 아직도 피할 줄 모르고
그는 그의 행동으로 인한
친구들의 피해 아픔을 여전히 모르고 있다

급우들은 서로 두 얼굴을 가지고
좁혀지지 않는
평행선으로 살고 있다.

밤벌레들의 투신

가로등 환한 불빛에
저돌적으로 날아드는
밤벌레들

자신의 죽음이
바로 앞에 있음도 보지 못하고
밝은 빛만 쫓다 부서지네.
부서지네.

밝은 빛만
빛만
빛만……

자신의 성공만 생각하고
주위야 어떻게 되건 말건
앞만 보고 달리는 사람들과
무엇이 다르리.

어느 청년의 읊조림

끝나지 않을 것 같은
학창시절이 끝났다

끝나지 않을 것 같은
삼수생활이 끝났다

끝나지 않을 것 같은
군생활이 끝났다

끝나지 않을 것 같은
이 취업 준비도 끝나겠지

좀 더 힘을 내자, 힘을 내
스스로 노력하지 않으면
아무 것도 이루어지는 것이 없으니까.

아버지와 나

"멋은 단정함에서 나온다."
늘 말씀하시던 아버지

자녀들이 문밖을 나설 때면
"침착해라. 당당해라. 겸손해라."
"경솔하지 마라. 경솔한 자에게 실수가 따른다
 지나고 나면 후회하게 된다." 하셨죠

내가 아무것도 못 먹고
힘없이 아플 때
"한 숟갈이라도 먹어야 산다. 먹어봐." 하시며
입도 못 벌리는 나의 입을
아버지 손으로 동그랗게 벌리게 한 후
한 숟갈 한 숟갈
넣어주셨던 아버지

아버지가 원하셨던
교사의 길을 걸으며
삶의 무게감을 느낄 때
아버지의 박력 넘치는

강인한 목소리 떠올리고
다시 힘을 내곤 합니다

부디 건재하시어
제 곁에 오래오래 머물러 주세요
사랑하는 나의 아버지!

학생들의 1분 스피치 중에서 · 1
- 유행을 따르는 것이

친구가 고가의 브랜드 옷을 입었다고
부모님께
그런 옷을 사달라
졸라대는 친구들이 있어요

흡연과 도박을 원치 않으면서
친구 따라
함께 하는 친구들도 있어요

때때로 유행을 따르는 것이 나쁜 것은 아니지만
유행을 전적으로 따르는 것은
자신을 대변하는 것이 아니라 생각해요

유행을 따르지 않는다고
그들에게 뒤처지는 것은 아니니까요

유행 속에서도
진정한 나는 지켜야 하지 않을까요?

학생들의 1분 스피치 중에서 · 2
– 부모님께 바랍니다

부모님이 원하는 것과
우리들이 원하는 것이 다를 때가 있어요

우리들이 원하는 것이
부모님 마음에 맞지 않는다고
부모님이 원하는 것을
우리들에게 강요하지 말아 주세요
부모님의 생각이 옳지 않을 때도 있기 때문이에요

공부를 시키는 것이
감사할 때가 많지만
숨 막힐 때도 있어요
숨 좀 여유있게 쉬게 해 주세요

국어 수학 공부만 인생의 전부가 아니예요
제가 하고 싶은 공부도 하게 해 주세요.

스승의 고뇌 · 1
- 나의 가슴은 지금 뜨겁다

나의 가슴은 지금 뜨겁다
용기 잃은 너를 향해서
패배의식의 너를 향해서

나의 가슴은 지금 슬프다
자신감 잃은 너를 살려내지 못해서
양심을 버린 너를 모르는 척 넘어가야만 해서

스승과 제자
때때로 우리는
뜨거운 사랑과
슬픔의 곡조로 노래한다.

스승의 고뇌 · 2
   - 누가 너와 나의 손을 잡아주면 좋겠다

진정 너의 마음을 모르겠다
진정 내가 너를 어떻게 선도해야 할지 모르겠다

엊그제는 웃으며 뛰었고
어제는 울며 뛰었고
오늘은 아침부터 그저 눈물이 주루룩…
내일은 어떤 날이 올까

너의 친구들을 향한 험한 말을 잠재우지 못하거나
제자의 길을 바르게 선도하지 못한 날이면
마음 겹겹이 괴로움과 슬픔뿐이다

우리에게 필요한 것은
서로 헤아려 주기와 보듬어 주는 일이 아닐까

위로 받고 싶다
누가 너와 나의 손을 따뜻하게 잡아주면 좋겠다
나 스스로 발라 나아지는 약이 있다면 더욱 좋겠다.

이런 사람은 되고 싶지 않았다

비 쏟아지는
시골 신작로 길
집으로 돌아가는 아이들이
버스를 태워달라 아우성치며
버스를 오를 때
안 돼 안 돼 안 돼
하며 발로 차던
차장 언니의 모습

차들이 줄지어 서 있는
도로에서
창문을 열고
담배 꽁초를
당연한 듯
휙~ 날려
길에 던져버리는 아저씨들

이런 사람은 되고 싶지 않았다
이런 사람은
아이들의 눈에 보이지 않아야 한다.

버드나무

한 곳에
묵묵히 서 있어도
고단한 삶을 아는
버드나무여

뜨거운 한낮
넓은 그늘로
아이들의 재잘거림과
농부들의 땀을 품어
쉬게 하네요

어스름 저녁
여유롭게 드리워진 커튼처럼
늘어진 가지가지에
하나 둘 별들이 내려앉아
소곤소곤 속삭이네요

한 곳에
머물러 있어도
지혜와 사랑을 베풀 줄 아는
버드나무처럼 살고 싶어요.

자식에 대한 과욕

욕심을 너무 많이 부렸다
10을 모르는 아이에게
100까지 가르치려 했다
아이는 머리가 아프다고 했다

욕심을 너무 많이 부렸다
초등 3학년 자녀에게
중등 1학년 수학을 가르쳤다
아이는 학원 가라는 엄마가 싫다고 했다
성적은 올랐으나 의욕은 낮아졌다

자식에 대한 과욕은
양날의 검이다.

매실을 따며

푸른 색의 실한 매실
노랗게 익은 말랑한 매실
푸르나 상처난 매실
썩어서 힘없는 매실
튼튼하나 손에 닿았다가
곧 다른 곳으로 떨어져
주워 담을 수 없는 매실

매실을 따며
나의 학생들을 생각한다

참으로 정성들여
사랑의 물을 주건만
아름다운 결과를 얻지 못할 때면
내 사랑의
모자람과 과함을 돌아보게 된다.

힐링의 벗으로…

5월, 파랑새의 덕담

산자락에 하~얗게 핀
아카시아 꽃의
그윽한 향기를 전합니다

꽃보다 아름다운
당신의 향기 높은 마음을
아이들에게
가득 전해 주세요

예쁜 새싹들이
더 푸르게 잘 자라도록
언제나 밝은 미소로

뒤돌아보면
잊지 못할 좋은 추억들로
존경받는 스승이 되기를
멀리서 기도합니다.

6월의 장미

그댈 위해 심었습니다
그댈 위해 꽃 피웠습니다
힘겨운 그대
밝게 웃고 행복하라고….

당신이 오는 날

환한 당신이 오는 날
지루했던 시간은 깨어나
기쁨의 춤을 추죠
나의 두근거리는 심장처럼

당신이 날 쓰다듬으면
내 모든 세포는
촉각을 곤두세워
행복의 노래를 불러요

환한 당신이 곁에 있으면
끝나지 않을 것 같은 어둠의 시간도
곧 빛으로 변해요

당신으로 인해
빛은 어둠이 될 수 있고
어둠은 다시 빛이 될 수 있어요

당신, 교실의 구세주
내가 좋아하는 선생님!

이 길을 함께 걸어요

이 길을 함께 걸어요.
혼자 걷는다 하지 말고…

떨어진 꽃잎을 보면
하얗게 보일지 모르지만
자세히 들여다보면
당신의 아름다운
핑크빛 사랑이 담겨 있답니다

울고 싶을 땐 마음껏 우세요
당신의 마음속에
꽃비가 내린답니다

길가의 꽃들은
화사한 모습으로
잠시 눈의 즐거움을 주지만
분홍빛 고운 얼굴
밝은 미소의 당신은
사계절 지지 않는
아름다운 꽃이랍니다.

이뻐지는 날들의 향연

나는 꽃이 되었다
한 선생님의 격려로

예쁘다 예쁘다
지혜롭다 지혜롭다
잘할 거예요, 힘내요

우울하던 시절
이름도 이쁘고
색깔도 이쁜 꽃들의 사진과
푸르디 푸른
나무 그늘의 쉼터 사진까지 보내어
날 웃게 하셨던 선생님

이름 모르는
고운 꽃들을 모아
조용히 내 가방에
꽂아 놓곤 하셨던
선생님의 은혜로
나는 꽃이 되었다.

까닭 없이 서글퍼지는 날엔
꽃들과 인사를 나눈다
보라색 도라지 꽃이여 안녕?
이름 예쁜 메리골드여 안녕?
하며
나는 꽃이 되었다.

내 안의 벗

학생들의 심신을 건강하게
학급 분위기를 밝게 유지하려면
교사의 심신이 먼저 건강하고 밝아야 하리라

건강한 교사가 되기 위하여
신체적 운동은 물론
마음의 이완운동에 힘써야 하리라

허탈감이 짙게 밀려와
누군가의 위로가 필요할 때
내 안의 벗을 만남도 좋으리라

들으면 편안해지는 음악 듣기
스스로 나에게 칭찬하고 격려하기
그립거나 사랑하는 사람 생각하기
좋아하거나 먹고 싶은 것 생각하기
꽃 들여다보기나 꽃 가꾸기 등

내 안에
마음의 벗이 있다면
어려운 길도 어렵게 느껴지지 않으리라.

바다와 섬

나는
당신으로
가득 차 있습니다

그대는
나의 곁을
무심히
혹은
휘휘 돌아
나를 감싸 안아주네요

당신으로 가득한 나는
고요히 평안의 노래를 부릅니다

그대,
그대는 바다
나는 섬.

별에서 영원까지

우리는
우리만의 별에서
순간을
영원처럼 노래하고
영원이 될 순간을
기적처럼 빚는다.

흔적

아무도 밟지 않은
하~얀 눈길 위
새들이 놀다 간 자리처럼
점점이 찍혀 있는 발자취

때론 모래알 같은 세상
누가 나의 손을 잡아 주겠는가
누가 허리를 굽혀
나의 흔적을 확인해 주겠는가
제각기 영웅주의로 가득한 이 현생에서

나의 흔적은
땀이고 사랑이다.

영원의 벗

건네는 말이 편안한 사람이 있다

단 5분도 이야기하지 않았는데
가슴에 깊게 남는 사람이 있다

가볍게 스치는 말이지만
힘을 주는 표현을 가진 사람이 있다

조용하나
진실이 묻어있는 말을 건네는 사람이 있다

말할 때
눈빛이 평화를 불러오는 사람이 있다

그냥 말없이 나란히 앉아만 있어도
좋을 것 같은 사람

이름만 떠올려도 행복해지는 사람

그런 사람을 만난 날은 축복의 날이다
영원의 벗을 만났으니까.

그녀를 보면

그녀를 보면
웃게 된다

그녀를 보면
노래하고 싶어진다

그녀를 보면
손잡고
넓은 들판을 달리고 싶어진다

그녀를 보면
맑은 새벽이슬이 떠오른다

그녀를 보면
깨끗하고 해맑게 살고 싶어진다.

심연의 정원

당신으로 인해
꽃이 핍니다

당신으로 인해
영혼의 세포가 살아납니다

당신으로 인해
외부의 풍경보다
내 안의 정원에서
행복의 꽃을 발견합니다

당신으로 인해
내 안의 나가 웃습니다.

침묵과 악수하기

군중 속에서
외로움이 느껴질 때
침묵을 만나기

자신에게서
이유 없이 화가 날 때
침묵과 악수하기

내가 나의 말이 싫어지고
내 목소리가 싫어질 때
침묵의 소리를 듣기

내가 내 모습이 싫어지고
거울을 보고 싶지 않을 때
조용히
깊은 침묵의 강에 잠기기.

그대에게 드리고 싶어요

그대에게 드리고 싶어요
깊디깊은 평화를

푸르른 숲속의 고요
맑은 시냇물의 잔잔한 속삭임
그 옆
작은 꽃잎의 엷은 미소
금방이라도 터질 것 같은
영롱한 이슬의 숨소리까지

그대에게 드리고 싶어요
세상의 소란함에 지친 그대에게
깊디깊은 평화를.

천 마리의 종이학

사랑의 힘이 아니고는
천 마리의 학을 접을 수 없다

고사리 같은 손들이
밤새 접어온
형형색색의 학들이
투명 하트 유리병 속에 모여
사랑을 전하고 있다

아이들의 고운 사랑
아이들의 이쁜 사랑
아이들의 맑은 사랑
천사들의 사랑!

상처

가슴에
남모를 상처 묻고
사는 사람들이
어디 한 둘이랴

친절한 이웃집 미남 오빠는
희귀병으로 두문불출하고
중학교 시절 이쁜 친구는
과거 성폭력 문제로 힘겹다

보이지 않는 곳에
꼭꼭 숨겨진 채
세상 밖을 나오려 하지 않는 상처는
사랑으로 보듬고 또 보듬어
아프지 않게 아물게 할 일이다.

다양한 삶의 빛들

지나친 물욕

뷔페에서 음식을 너무 많이 담았다
다 먹을 줄 알았는데 못 먹고 버렸다

집에 투자를 너무 많이 했다
넓은 집은 은행돈으로
내 마음을 비좁게 했다

보험을 너무 많이 들었다
아플 걸 기다리는 것도 아닌데
무엇이 무서워 그랬던가
보이지 않는 미래를 위해
현재의 출혈이 너무 크다

지나친 물욕은
나를 피폐하게 한다.

가족

오빠, 배고파

잠시만…
자~, 여기 빵~

언니, 배고파

잠시만…
자~, 여기 밥~

엄마 아빠 안계실 땐
언니 오빠가
엄마 아빠!

내가 커서 어른 되면
빵도 사고 밥도 지어
오빠 언니 드려야지.

텃밭

꿈꾸던 집을 짓고
손수 텃밭을 만들어
상추랑 고추랑 심고 싶다던 엄마

그 꿈 이루시어
상추를 소담스럽게 피우셨네요
엄마는 상추 따고
아버지는 곁에서 물 주며
즐거워하는 모습이 행복해 보입니다

긴 세월
수만 가지 역경 속에서도
서로 보듬고 안아주며 살아오신
엄마 아버지의 사랑이
텃밭에서 더욱 아름답게 빛나네요.

아버지의 노후 사랑

안방 화장실에
밤새도록 소켓불이 켜있다
어쩌다 간 내가 불을 끄니
아버지가 말씀하신다

끄지 마라
엄마 넘어질까봐
내가 설치한 불이다

아침 7시
아침잠 많으신 아버지가
잠결에도 말씀하신다
큰 소리로

엄마 혈압약 챙겨드려라
당신, 약 먹어야지?

85세 아버지의 기상은
여전히 씩씩하다

철없던 지난 날의 후회와
엄마에 대한 미안함과 고마움을
은혜 갚는 마음으로
「엄마의 불침번」 정신을 가지고
이제라도 잘해봐야지 하는 자세로
엄마를 간호하신다는 아버지

엄마에 대한 사랑의 마음은
아버지의 기상보다 더 크고 높다.

엄마의 꽃

나는 겹벚꽃이 좋더라
분홍빛 도는 벚꽃을 보면
고향 생각이 나

집 근처 탐스럽게 핀
진분홍빛 겹벚꽃들 속에서
친구들이랑 뛰놀던 시절이 그리워져

그 친구들 지금 다 살아있을까?
모두 어디로 가서 사는지
피난 이후로는 통 모르겠네

엄마,
엄마가 아끼는 새로 지은 집 입구에
엄마를 위해 심어놓은
벚꽃이 피었어요

엄마 친구들도
엄마가 그리워
벚꽃이 되어 찾아왔나봐요.

서랍을 정리하면서

쓰지 않는 물건들이 너무 많다
너무 소중해서 아끼던 물건은
녹슬고 그 의미마저 퇴색되어
물건을 접할 때만
잠깐 의미가 되살아났다 사라지곤 한다
점점 뇌리 속에서 잊혀져가는 물건들…

없어도 될 물건들이 너무 많다
순간의 호사스런 충동으로 구입한
작고 귀여운 앙증맞은 반지며 목걸이며…

생각하지 않아도 될 생각들이 너무 많다
나를 함부로 대한 그녀를
어떻게든 보지 않고 살아야겠다는 다짐이라든가
이미 늦어버린 승진에 대한 미련이라든가…

서랍을 정리하면서
서랍 속의 불필요한 물건들과
뇌리 속의 불필요한 생각들을
하나 하나 버려본다
나를 가볍게 한다.

엄마가 독서를 한다는 것은

아들아,
엄마가 독서를 한다는 것은
외롭기 때문이야
외로운 마음 들킬까봐
책 속에서 벗을 찾은 듯 웃는 거야

아들아
엄마가 독서를 한다는 것은
슬픔을 감추기 위한 거야
울고 싶은 마음 들킬까봐
책을 보면서 슬픈 내용을 만난 듯 우는 거야

아들아
엄마가 독서를 한다는 것은
누군가 그립기 때문이야
가슴 따스한 그 누군가에 대한 그리움이 들킬까봐
책을 보면서 엄마의 마음을 감추는 거야

아들아
독서는 단순히 지식적인 것을 주는 것만이 아니라
마음의 은신처요 휴식처란다.

무덤

앞이 탁 트인
전망 좋은 산 위에
기품 갖춘
비석이 지키는 무덤

작은 야산에
멀리서 꽃들이 먼저 보이는
이웃 많은 무덤

진열장 속
가족사진과 편지와
작은 꽃들과 사는 무덤

무덤에서 잠든 사람은 좋을까
나는 어느 무덤에서
영원의 안식을 맞을까?

부부·1

첫 자취방 첫날
문 하나 사이로
사랑스런 목소리가 들린다

여보~, 식사~
……

여보, 나 이뻐?
……

여보, 나 이뻐?
……

여보, 나 이쁘냐구?
……
여보~~~, 나좀 봐. 나 이쁘냐구?

넌 매일 그 질문만 하냐
할 일이 그렇게도 없어

남자의 말소리가
마음을 아프게 한다.

부부·2

우리 숲길을 걸을까

맨발로 걷자
건강에 좋게…

난 손잡고 걷고 싶어
어느 길을 가든
팔짱을 끼고
내가 대롱대롱
매달려 가고도 싶어

그래
그럼 그렇게 해 봐

오순도순 정겹게 이야기를 나누며
숲길을 걷는 부부의 모습은
숲속 풍경의 또 다른 아름다움이다.

부부 · 3

강물이 내려다보이는 벤취에
백발 노부부가 앉아 있다

약속이라도 한 듯
한 방향만 바라보고 말이 없다

잠시 뒤

누가 먼저랄 것도 없이 일어난다
할아버지가 할머니 손을 잡는다
손잡고 나란히 걷는다

빠른 걸음이 아닌
뒤뚱뒤뚱 걷는 모습이지만
아름다움이 배어 있다

바라보는 내 눈에서
괜히 눈물 한 방울 툭 떨어진다.

침대 · 1
–하루 회상의 침대

불을 끄고
침대에 누우면
비로소 환해지는 마음의 빛들

내게 먼저 다가와
손 내밀어 주던 친구의 얼굴이 보이고
음악을 크게 들으며
우울한 마음을 달래던 내가 보인다

창밖의 빛들이
어둠 속에서 더욱 환히 빛날 때
비로소 들리는 소리 소리들

내가 더 잘할 수 있기를 바라는
진정성 담긴 목소리가 들리고
내가 실수했을 때
아쉬운 표정으로 미소를 날리던
선생님의 마음의 소리가 들린다

친구로 인하여
선생님으로 인하여
오늘 내 침대는 미소와 함께 잠든다.

침대 · 2
– 청소년기의 침대

무엇을 할까
누구를 만날까
어디로 갈까
어떻게 할까
무엇이 될까

머릿속 생각은
천 갈래 만 갈래

스마트폰만 만지다
스마트폰과 잠든다.

침대 · 3
−부부의 침대

햇살보다 화사한
행복 시절엔
사랑에 겨워
서로 안고 안기어
하나 되어 잠든다

한겨울
살을 에이는 추위처럼
가슴에 상처를 입을 땐
서로 등 돌려
남보다 못한 타인처럼 잠든다

부부의 침대는
지상의 천국이며
지옥이기도 하다

천국과 지옥은
오로지 내가
오로지 부부가 만든다.

침대 · 4
−병실의 침대

침대 옆 탁자 위
먹을 것은 많으나
헤어짐의 손짓과
입맞춤이 있다

보내는 자의 웃음 뒤에
그 누구도 대신할 수 없는
외로움의 한기가 있고
돌아서는 아들 딸들의
눈물과 한숨이 있다

병실 침대는
누군가를 보내고 싶지도
가고 싶지도 않은
인생 사이 사이의 간이역이다.

침대 · 5
– 노년의 침대

쇠조각이 들어있는
굽어진 허리와 두 다리를
오늘도 묵묵히 품어주는 그대

내일이면 팔순이 되는
젊어서는 탐스러웠던 육신을
아무도 들여다보는 이 없건만
그대는 오늘도 날 받아주는구려

바라고 바라는
따뜻한 손길들은 올 줄 모르고
그대만이 내게
변함없는 온기를 전해 주는구려

나
사람의 온기로 허기져
세상에서 눈을 감을 때
그때도 이렇게
따뜻한 온기로 날 안아주오
내 유일한 벗 침대여.

엄마의 수첩, 저축통장

대학을 졸업하고
대학원을 나와
학위를 받은 내겐
나의 이름 석 자 새겨진
명함 하나
수첩 하나 없다

6.25 전쟁으로
피난길에 유년을 보낸
학위도 없는 엄마에겐
엄마 이름 새겨진
수첩이 있다

모 은행에서
VIP 우수 고객으로
하사한 선물이다

아무리 공부를 해도
엄마의 근면함과 절약성은
따라갈 길이 없다.

엄마의 예쁜 상자에
고이 간직되었던
소중한 애장품
엄마의 수첩, 저축통장
위대한 엄마의 증명이다.

수업 중 전화 · 1

교무실입니다
학부모 전화인데
돌려드리겠습니다

우리 아이가 수학책을
학교에 안 가져 갔어요
이번 쉬는 시간에
배움터지킴이실에서 찾아가도록
말 좀 전해 주세요

네, 가지고 오도록 하겠습니다

선생님, 이번엔 또 누구예요?
교실이 술렁거리기 시작한다.

수업 중 전화 · 2

저희 아이가
어제 학교에서 집에 올 때
길에서 넘어질 뻔했대요
오늘 집에 보내실 때
조심하라고
꼭 교육 좀 시켜주세요

네, 잘 알겠습니다

우리 아이가
넘어질 뻔하다니
생각만 해도 끔찍해요
머리가 다 아프네요

네, 꼭 교육시켜 보내겠습니다

선생님, 이번엔 뭔데 그래요?
아이들의 질문이 쏟아진다
이번 수업도 갈 길이 멀다.

어머니의 그림을 보며

사랑하는 나의 어머니
어머니가 손자와 놀아 주시면서
그려주신 그림을 보며 이 글을 씁니다

온갖 고난과 힘겨움을
당신 가슴에 안은 채
그저 묵묵히 걸어오신 어머니
당신의 경건한 삶에
깊이 고개 숙여집니다

삶은 흐르는 물과 같다 하셨죠
순탄한 길이 있는가 하면
굽이진 길이 있어 돌아가야만 할 때가 있고
뜻하지 않은 돌부리를 만나 부딪힐 때도 있다고…
그래서 우린 길을 갈 때
항상 앞을 잘 살펴보지 않으면 안 된다고…
그럼에도 불구하고 힘들 때가 있다고…

삶에서 힘겨울 땐
우리가 물이라 생각하라 하셨죠
열심히 최선을 다해 흐르다 보면
언젠간 바다를 만날 거라고…

지금 당신 앞에 펼쳐진 바다는
이미 있어 당신을 기다린 것이 아니라
당신이 이루어 놓은 바다라 생각합니다

어머니의 삶에 비하면
소꿉놀이에 지나지 않는 제 삶에
오늘은 부끄러움을 느끼며
어머니께 감사함을 올립니다

어머니의 뜻 받들어
열심히 아름다운 삶 살겠습니다.

읽혀지지 않은 사랑의 쪽지

단풍나무 늘어선 개울가
쌈빠라는 어린 동자가
한 소녀에게
사랑의 쪽지를 건넸단다

"사랑하는 ○○씨"
소녀는 더 이상 읽지 않고
쪽지를 쫙쫙 찢어
도랑물에 버렸단다

많은 세월이 흘러
83세가 된 소녀는
그 시절을 추억하며 후회했단다

'무어라 썼나
내용이나 끝까지 읽어보고 버릴 걸…'

때때로 우린
최선이라 생각한 선택이
아주 뒤늦게야 아니라는 걸
깨달을 때가 있다.

83세가 된 소녀 (문이균 님)의 색칠공부 작품

결혼 선물

초등학교 6학년이었던 제자들이
청년이 되어
내 결혼식장에 와 주었다

선생님,
보내기 싫지만 결혼 축하드려요

이 선물은
옥으로 만든 화병이예요
저희 삼총사가 준비했어요

옥은 물을 맑게 만들고
가까이 두면 건강이 좋아진대요

한 가지 더
이 화병을 선택한 이유는
혹시 사부님이 선생님을 구타라도 하면
비상 무기로 쓰세요
무척 튼튼하거든요

우린 모두 울다가 웃었다.

삼총사의 결혼선물

자유로와 비무장지대(DMZ)

소리 없이 소생하나
큰 힘을 지닌 움틈
마른 대지를 갈라
뚫고 나오는 그 새싹의 힘처럼

평화롭고 고요하나
이미 다음 계절을 준비한
나뭇가지와 푸른 잎들처럼

연둣빛에 한 번 더 연둣빛을 더한
변화의 물결
나뭇잎들의 파스텔톤 하모니처럼

늘 제자리에서
머물고 또 머문 듯하나
돌고 돌아
서로 안고 또 안아
새로운 세계를 맞이하는
임진강의 물결처럼

우리의 자유로에
우리의 DMZ에
진정한 자유가
남북의 하나됨이
하늘가에 땅 위에
그렇게 조용히 자연스럽게
자연처럼 깃들어지면 좋겠다

무엇을 하고자 하면
분주히 움직임만 큰
우리 인간 세계처럼이 아닌…

자유로와
비무장지대의 초록빛들은
모두 평화를 기원하는 손들이리라.

인연 회상 · 1

이름도 얼굴도 모르지만
고마워서
꼭 찾고 싶은 사람이 있다

눈보라 휘날리던 매서운 겨울날
긴 등굣길 다리 위에서
바람에 날려갈까
초등 1학년 동생을
꼭 껴안고 멈추었던
내 유년의 강물 위

정거장도 아닌데
완행버스가 섰다
어린 두 아이를
버스비도 안 받고 태워주셨던
버스 기사 아저씨

세월 지나 겹겹이 쌓일수록
더욱 고마워져
꼭 한 번만이라도
따뜻한 밥 한 끼
정중히 사드리고 싶다.

인연 회상 · 2

감사해서
밤이나 낮이나
생각나는 사람이 있다

외롭고 외로운 시절
먼저 손 내밀어
말을 건네준 사람

고마운데
그립지 않은 사람이 있다

주변 사람에게
말을 함부로 해
가던 정을 멈추게 하는 사람

고맙지도 그립지도 않은데
만나지는 사람이 있다

까닭없이 연민의 정이 느껴져
무언가 주고 싶은 사람

인연의 빛깔은 참으로 다양하다.

합창

너의 소리가
내 소리에 스며들어
나의 소리가
네 소리에 스며들어
아름다운 하모니가 울려퍼진다.

You raise me up!
우리는 혼신을 다해 불렀다
사랑으로 낳아주신 부모님을 위해
손자 손녀를 길러주신 할머니 할아버지께
매순간 격려로 힘을 주신 선생님들께

하트 모양의 손동작으로 끝인사를 마무리할 때
무대가 떠나갈 듯 울려퍼진 환호성과 박수소리는
새로운 합창소리를 빚어내고 있었다.

동 행

인생의 먼 길을 갈 때
함께 하고 싶어 손을 잡았습니다
순탄한 길을 갈 때도
험한 산을 넘을 때도

살면서 때때로
불협화음이 생길 때가 있었지만
취미활동까지 동행하니
어려움의 동굴은
낮은 야산에 불과했습니다

동행!
가정에서나 직장에서
좋은 길도 함께 가야겠지만
힘겹고 어려운 길도
함께 헤쳐 나아가야
참다운 동행이 아닐까요.

정서진의 일몰

바다를 품고
세상을 품고
붉은 가슴의
거대한 태양이
섬을 넘는다

섬의 옷자락들이
파르르 여울지며
하루와 인사를 나눈다

붉은 태양이
섬에 걸쳐질 때
바라보던 사람들의 탄성과
카메라 셔터들이 앞다투어 터진다

사람들은
해가 질 때, 혹은
사랑이 저 세상으로 떠나갈 때
서로 잘 껴안는다. 꼭 껴안는다.

정서진의 일몰은
사라짐이 아니라
또 다른 기다림의 상징이다.

돗자리

모래알 같던 아이들을 한 데 모아
도시락을 펴게 하고
가위 바위 보 놀이를 하게 하고
둥그렇게 둘러앉아
얼굴 마주보게 하는
사랑의 돗자리

오랜 시간 지나도록
묵묵히 곁에서
지원군이 되어준 친구

마음에 비 오는 날이나
등이 휘어짐을 느끼는 날
나보다 더 바닥에 누워
내 힘겨움도 온전히 받아주는 친구

오늘은
돗자리 같은 친구를 만나
나를 다 내려놓고 싶다.

시조의 날개로 날아보기

님

님 찾아 길을 떠난 별 하나 울고 있네
높은 산 깊은 골을 해종일 헤맸건만
여기도 님의 자취는 깊숙이도 숨었는가

흐르는 저 물소리 멈추면 보이실까
우짖는 저 새소리 그쳐야만 들리리까
천마산 별밤 우러러 님 그리는 나의 노래.

겨울 장터

차가운 겨울 거리 바닥에 앉은 콩나물
아들 자랑 대단한 손목 여윈 할머니
지나는 손님 붙잡고 팔아달라 애닯네

가죽지갑 흔들며 백원 깎는 젊은 여인
찰랑찰랑 치맛자락 인색함을 달고 가니
은발의 할머니 한숨 고비고비 쌓이네.

소망

호젓한 저녁 호수
백조처럼 걷고 싶다
슬픔으로 가득한
말 없는 네 가슴
가벼운 발돋움으로
사뿐히 닿을 수 있게

황혼 깃든 산 그림자
강가에 드리울 때
산새들 둥지 틀 듯
사랑집 짓고 싶다
영원히 깨지지 않을
너와 나 영혼의 집

숲속의 노랫소리
저녁놀에 흐르면
둘만으로 행복한
강마을에 살고 싶다
언제나 함께 노니는
한 쌍의 백조처럼.

당신은

당신은 밤 깊은 내 고독의 아늑한 창
당신과 손잡고 거닐던 긴 바다 기슭
오늘도 달빛과 함께 걷습니다. 호젓이

당신은 그리운 내 영혼의 피리 소리
당신이 들려주던 결 고운 음률들
새벽별 초록지도록 듣습니다. 황홀히

당신은 내게만 보이는 영혼의 샘물
사랑 녹인 당신 글 속 깊이깊이 잠기면
어느새 내 지친 영혼 맑게 피는 수선화.

한 제자를 위한 기도

이른 아침 출근길 널 위해 기도한다
네 거친 말들과 불타는 눈빛들이
순수한 친구들에게 상처 주지 않기를

눈 내리는 거리에서 널 위해 기도한다
평온 잃은 거친 호흡 온화한 숨결 되길
네 마음 평화를 찾아 고운 말 흘러나오길

푸르른 초원에서 널 위해 기도한다
네 안의 선함과 지혜로운 생각들이
친구들 마음에 닿아 상처 준 곳 어루만지길.

작별 후

한동안은 아프리
가슴 저민 그리움
문득문득 달려가
안기고 싶으리
따스한 우리의 추억
쉽사리 잊지 못해

한동안은 걸으리
허전한 맘 달래려
뚜벅뚜벅 그저 걸으리
아무렇지 않은 척
심연에 고이 접어둔
울음 자락 잠재우려

걷다가 또 걷다가
어느 호숫가에 다다라
햇살 부신 분수 앞에
무심히 서 있으리
그러다 울음이 일어
분수처럼 울으리.

삶의 향기

출발

"떠나지 말 길을 당신도 떠났던 거요.
어디 가나 종점이란 없지요.
내가 있는 곳, 내가 발붙일 곳
여기가 바로 종점이란 말이오.
하지만 한 번 떠난 사람에겐
종점이 없으니까.
당신은 다시 떠나야 하오."

기차 철로 위에 한 사나이가 힘없이 걸터앉아 담배 연기를 내뿜으며 독백으로 말하고 있었다. 점차 무대가 밝아져 무대 전체를 보니 그 철로는 순환기차 철로였다.
강한 인상을 남긴, 1985년 극단 〈굴레〉의 연극 「출발」의 한 장면이다.
살아오면서 나는 이 장면을 늘 내 뇌리에서 떨쳐버릴 수 없었다. 의도적으로 내가 의식했다기보다는 저절로 따라오는 하나의 끈 같은 생각이었다. 잊혀질 듯 다시 생활과 되살아나는 그 독백! 어느 순간 나도 따라하고 있었다.

일상의 집안일들이 진부하게 느껴져 벗어나고 싶어질 때, 직업적으로 하는 일이 더 이상 흥미를 끌지 못하고 그만두고 싶어질 때, 한 사람이 어느 한 순간 몹시 그리워져 까닭 없이 슬퍼지고 침잠해질 때, 계절이 바뀌어 마음에 휭~하니 바람이 일 때, 동료들의 스트레스를 들을 때조차도 난 그 순환기차의 철로 위에 내가 앉아 있는 듯했다.

'내 자신이 진정 원하는 것은 무엇인가?'
'어디로 가서 어떤 일을 하고 싶은데?'
'그래, 나도 떠나지 말 길을 떠났나보다. 사랑의 무지개는 그 어디에도 없는 것을. 오직 내 가슴에 언제나 내 가슴에 있는 것을. 나는 다시 내 가슴 속의 나에게로 길을 떠나야 하리라.'
'혹, 바람이 날 실어다 준다면 어디로 가려고?'
'지금 내가 서 있는 곳은 어디인가?'

끊임없이 이 생각 저 생각 꼬리에 꼬리를 물고 생각하다 보면 나는 벌써 그 순환로를 다 돌고 돌아 결국 제자리에 와 있음을 느끼곤 했다.

어떠한 방면으로든지 나의 이상향(理想鄕)을 찾아 길을 걷고 또 걸어 여기쯤일까 생각하고 당도하거나 머무른 곳에 나의 이상세계(理想世界)가 없을 경우에는 허무와 슬픔만이 몰려올 뿐이었다. 슬픔이 길고 깊어지면 영혼은 지쳐 쓰러지고, 아침의 시작도 없고 저녁의 끝도 없는 무감각의 세계에서 몸살을 앓는 듯한 상실감의 고통이 따를 뿐이었다. 슬픔과 지침을 반복하면서 내 안의 나는 '이것이 아닌데… 이젠 이 순환선을 타지 말아야지. 슬플 사이도 지칠 사이도 없는 전진하는 차만 타야지.' 하며 주문을 외듯 자신에게 말하지만, 어느 순간 또 타고 또 돌고 도는 순환로에 내가 있음을 깨달을 때가 많았다. 홀로 걷고 홀로 넘어지고 아무도 일으켜 줄 수 있는 이 없어 나 스스로만이 넘어진 자신을 일으켜 세워야 하고, 슬퍼도 내 슬픔 내가 거두어야 하는 순환로! 내가 내 자신에게 '태양'의 존재가 되지 않으면 안 되는 순환로였던 것이다.

이제 마음의 안식처는 내 안에 있음을 안다. 내 안의 영혼 역시 예전의 모습과 똑같은 모습으로 내게 속삭일 수만은 없음을 이해한다. 생활상의 모든 힘겨움, 괴로움, 아픔들이 고통이 아닌 아름다움으로 승화되어 내 가슴에 꽃으로 필 수 있음을 깨닫는다. 그리하여 나는 매일 '마음의 정원 가꾸기'에 심혈을 기울인다. 그래서 때때로 절대평화를 구하고 싶을 때 난 나의 내면 가장 깊은 곳에 있는 나의 안식처, 깨끗한 내 푸른 영혼의 꽃을 느끼며 만난다. 침묵과 침묵 사이의 소리를 들으며 만나는 나 자신과의 만남이지만 홀로서도 마음의 평화를 구하고 낙원을 느낀다.

나의 이러한 만남은 떠난 곳에서 다시 떠난 곳으로의 출발이라고나 할까. 결국 내가 추구하는 이상향 그 안식처는 바로 '여기'가 되어 내게 와 있음을, 내 안에 이미 있음을 자각하게 된 것이다. 내가 떠난 길은 결국 그 어떤 물리적인 순환로가 아닌 '내 사고(思考)의 순환선'이었다.

봄하늘, 아지랑이 하늘하늘 피어오르고 여린 새싹들의 희망 담은 발돋움을 보면 어쩌면 나는 또 잠시 열병을 치를지도 모른다. 가도 가도 끝없는 그 그리움의 세계에 갇혀 숨 쉬기조차 힘겨워

지면 어디론가 훨훨 새처럼 날고 싶어서. 그럴 때마다 나는 또 그때 본 연극을 떠올리며 나만의 대사를 되뇌이겠지.

"그대가 떠나고 싶은 곳, 그대가 가고 싶은 곳, 그대가 닿아야 할 종착역은 결국 여기, 여기!"라고.

오늘도 나는 길을 떠난다. 그 '여기'가 '어디인지 바로 알기' 위해서, 그리고 그 '여기'에 '바로 서기 위한 나'를 찾아서… 출발, 또 출발!

아름다운 여행, 아름다운 당신!

가을입니다. 나의 사랑이여.

당신을 만나 1년이라는 연애기간과 '결혼'이라는 관문을 지나 10여 년이나 되는 시간을 함께 했지만, '나의 사랑'이라 쉽게 말하지 못하며 살아왔는데 이제는 '나의 사랑'이라 말할 수 있습니다.

사람이 살아가는데 있어 진정한 참사랑이란 어떤 빛인가, 사랑을 함부로 말하게 되면 그 빛이 퇴색되지 않을까, 소중한 빛을 잃지는 않을까 하는 나의 사랑 발언에 대한 소극성 때문에 늦었는지도 모르겠습니다.

그러나 이젠 당신으로 인하여 빛을 잃지 않을 완벽하고 따스한 사랑을 발견한 후로는 언제 어디에서도 당신을 사랑한다고, 당신은 나의 사랑이라고 쉽게 이야기할 수 있게 되었습니다.

기억하시나요? 어머님과 함께 한 여행길! 갑사로 가는 길.

뇌졸중으로 쓰러지신 후 정신은 살아있으나 혼자 몸을 일으켜 앉지 못하고, 혼자 이동하지 못하는 상태에서 병실 침대에서만 생활한 지 2년이 되신 어머님께 맑은 공기와 시원한 풍경을 보여드린다고 떠났었지요. 휠체어의 도움을 받고, 그것도 모자라 당신이 어머님을 안고 업고 해서 올랐던 여행길!

실제로 본 '갑사로 가는 길의 풍경'도 아름다웠지만 눈으로 볼 수 없는 그 이상의 아름다움을 간직한 우리의 여행길이 훨씬 더 아름답다고 생각됩니다. 행복했던 유럽 여행, 아름다웠다고 여겼던 그리이스 여행…. 당신과 단 둘이 떠났던 그 어떤 여행도 우리의 그 여행만큼 아름답고 행복한 여행은 없을 거예요.

  그날은 무척이나 무더웠어요. 휴일이라 사람들도 많았지요. 갑사 입구쯤 갔을까? 어머님께서 화장실을 가고 싶다 하셨지요. 우리는 곧 주차장에 차를 세워놓고 화장실을 찾았어요. 그런데 그곳엔 장애인 화장실은 없고 일반 화장실만 있었어요. 그것도 화장실 건물 앞에 계단이 있는, 휠체어가 소용이 없는 상황이었지요. 다행히 안에 좌변기가 하나 있었지요. 당신은 다른 화장실을 찾을 수 있는 상황이었는데도 어머님의 상황을 고려하여 당장 업고 모시기로 결론을 내렸어요. 당신과 내가 어머님을 간신히 부축이고 일으켜 당신 등에 업혀 그 먼 거리의 화장실을 다녀왔던 기억…. 그리고 갑사 정문 매표소에 이르렀을 때, 그곳에도 역시 계단이 몇 개 놓여있을 뿐 장애인이 통과할 수 있는 별다른 입구가 없었지요. 우린 그 계단들을 보고 여기까지만 오고 이제 못 들어가나 보다 생각했어요. 그런데 당신이 말했어요.

  "자, 민규야. 우리 다 같이 힘을 합쳐볼까? 아빠가 뒤에서 휠체어를 꽉 잡고 움직이지 않게 지탱해 줄 테니까 네가 엄마와 함께 양옆에서 휠체어 앞바퀴를 들어 올려라. 그러면 아빠가 다시 뒷바퀴 큰 바퀴를 들어올리며 밀어줄 테니까, 그때 들어올렸던 바퀴를 앞으로 조금 당기며 내려놓아라. 그렇게 해서 한 계단 한 계단 올라가 보자."

  우리 셋은 힘과 정신을 모았어요. 누구 하나 힘을 잃으면 어머님께서 넘어지실 테니까요. 세 살 된 어린 둘째 원규도 지켜보다가 심각한 상황임을 알았는지 힘을 보탠다고 아빠 옆에서 끙끙

거렸지요.

어머님을 다 옮긴 후 생각했어요.

'우리 민규가 비록 4학년이지만 정신적으로나 육체적으로나 이젠 참 많이 컸구나. 우리 꼬마 왕자 원규도….'

평소 당신과 내가 늘 하나가 되어 살아간다고 생각하며 지내왔지만 그 순간만큼 당신과 내가, 우리 온 가족이 응집된 마음으로 하나가 되어본 적은 처음이구나 하는 생각이 들면서 한없이 행복했어요.

그 후론 우리 가족 모두 어머님과 함께 하는 그 어떤 여행에서도 계단이나 다른 어려움들을 두려워하지 않고 싫어하지 않게 되었어요. 참으로 가치 있는 행복한 하나 됨이죠.

드디어 우리가 맘에 들어하는 계곡에 이르렀을 때, 그때의 감동은 더욱 잊을 수가 없습니다. 당신은 제게 사랑에 대한 개안(開眼)의 감격을 선사하셨습니다.

흐르는 계곡물에 발 한 번 담구어 보시라고 어머님을 업어서 그 비탈진 흙길을 계곡 아래로 천천히 조심조심 내려가시던 당신의 모습! 그리고 행복해 하시던 어머님의 모습!

"자~ 엄마, 지금부터 내려갑니다. 겁내지 마세요. 저만 믿으세요."

"애야, 조심해라. 아이쿠 아이쿠… 이렇게까지 하지 않아도 되는데… 나 때문에 너희들이 너무 힘든 것 같다."

그러면서도 어머니의 목소리엔 힘이 묻어났고, 하하하 연신 웃음을 터뜨리셨지요.

계곡물에 이르렀을 때, 제가 펼쳐놓은 돗자리에 어머님을 힘겹게 내려놓으면서도 밝게 웃으며 당신은 이렇게 말씀하셨지요.

"엄마, 좋아? 좋지? 자, 발 이리 내보세요. 제가 시원~하게 해 드릴게요."

하면서 어머님의 불편한 다리를 두 손으로 조심조심 어루만지며 주욱 뻗게 하고는 어머님의 발 위에 다시 두 손으로 물을 담아 끼얹어 드렸어요.

제가 이제까지 살면서 이 세상에서 보았던 모습 중에 가장 아름답고 감동적인 모습이라 생각되었습니다. 평소 당신이 남편으로서, 두 아이의 아빠로서 늘 중후한 모습이 더 많이 비쳐졌었는데 그날은 예전에 볼 수 없었던 당신의 귀여운 애교스런 모습을 보는 것 같아 신선하기도 하고 즐거워지기도 했습니다.

'어머님이 보시기에 얼마나 친근하고 사랑스러웠을까? 장성해서도 저렇게 친근하고 사랑스럽게 부모님께 대하는 것도 좋은 모습이구나. 언제나 점잖고 말없이 무겁게 있는 것보단 훨씬 보기 좋구나. 나도 그래야지!'

당신의 그 어린아이 같은 표정 속에서 나도 아들을 둔 엄마로서 마음이 환해지고 가슴이 뚫리는 듯한 밝은 느낌을 받았습니다.

어머님께 대하는 당신의 그 밝고 애교스런 모습에서 나는 가벼움보다는 당신의 깊디깊은 마음의 정, 잴 수 없는 사랑의 깊이를 느낄 수 있었습니다.

당신과 내가 어머님의 발을 번갈아 닦아드리며 어머님과 셋이 도란도란 나누었던 이야기도 변함없이 내 마음을 따뜻하게 해 줍니다.

"이렇게 흐르는 물가에 있으니까 예전에 대아리 계곡물에서 너희 가족과 함께 즐겁게 물장난했던 기억이 나는구나. 그날 민규가 얼마나 신나했던지. 그런 시절이 다시 올 수 있을까?"

다시 일어서기엔 늦어버린 몸을 한탄하시며 어머님께서 말씀을 이었을 때 당신이 힘 있는 목소리로 대답했지요.

"엄마, 이렇게라도 건강하게 오래오래만 사세요. 그런 즐거움은 제가 엄마를 업고서라도 얼마든지 해 드릴 수 있으니까요."

당신의 그 말을 들으면서 나는 평소 "이렇게 살아서 뭐 하겠니? 내가 벌 받았나봐."라고 하셨던 어머님의 말씀이 떠올라 한마디 곁들였지요.

"그래요, 어머님. 비관적인 생각을 하시기보단 항상 밝은 생각, 즐거운 생각으로 지내세요. 앉아서도 정원의 꽃을 볼 수 있다잖아요."

"그래, 내가 너희들이 없었으면 어쩔 뻔 했냐? 늙어서 이 불편한 몸으로… 말이 살아있는 몸이지 산 몸이 아니야."

어머님께서는 삶에 대한 초연함과 그 무언가에 대한 감사와 흐뭇함이 배인 미소를 머금으며 흐르는 맑은 물을 바라보셨어요.

그날 당신의 모습과 우리의 대화 속에서 이제까지 내 영혼이 갈구하고 만나고 싶었던, 가장 순수하고 깨끗하고 완벽한 사랑을 만난 기쁨을 맛보았습니다. 절대행복의 자리에 내가 있구나 생각했어요. 그리고, 요즈음 흔히들 말하는 "아들을 낳는 것보다 딸을 낳아야 비행기를 탄다."라든가 "아들은 장가가면 끝이야." 하는 말들이 다 맞는 말은 아니구나 싶었습니다.

사랑하는 당신!

그 여름여행 이후, 이른 아침 햇볕이 기지개를 펴고 우리 집 창문에 다가와 웃어줄 때도, 베란다의 작은 꽃들이 활짝 웃으며 손짓할 때도 내 마음은 그 햇볕보다, 그 꽃들보다 더 밝고 화사하게 웃을 수 있었습니다.

당신 내면의 그 깊디깊은 사랑은 제 가슴에서, 그리고 우리 온 가족의 가슴에서 항상 따뜻한 온기로 빛날 거예요.

그 아름다운 여행으로, 당신의 그 아름다운 마음으로, 저는 삶이 끝나는 날까지 영원한 사랑으로 추운 계절이 와도 행복할 것입니다.

감사합니다. 당신!

사랑합니다. 당신!

나의 아름다운 사랑이여!

유년의 기억

'아직도 돌을 던지고 있는 사람들!
아직도 이유 없이 돌을 맞고 있는 사람들!
나는 돌을 던지는 사람인가?
나는 돌을 맞고 있는 사람인가?'

시골길이었다.
어쩌다 버스라도 지나가면 먼지가 뽀얗게 일어나는 신작로의 그 길을 나는 매일 걸어서 초등학교를 다녔다.
학교를 오가다 보면 이런저런 여러 장면을 거리에서 만날 수 있었는데, 그 중에서 우리들에게 호기심을 불러일으켰던 것은 사람들이 모여 두런거리는 모습들이었다.
평소 나는 그 속에서 무언가가 이루어지는지 궁금하기도 했지만, 일단 집부터 가야 한다는 생각과 사람이 많이 모이는 곳엔 별로 가고 싶지 않은 내 성격 탓으로 그런 모임의 구경엔 늘 방관자적이었다.
그런데 어느 날, 아주 우연히 나는 그런 웅성거림의 장소에 끼게 되었다. 많은 꼬마들과 중학생 정도의 남자 아이들 몇, 그리고 약간의 어른들이 한 곳에 모여 때때로 소리를 지르며 무엇인가를 던지는 것 같았기 때문이다.
이상한 광경이 벌어지고 있었다.

개 두 마리가 서로 방향을 반대방향으로 하고 함께 연결되어 있었다.

나는 '참으로 이상하게 태어난 강아지들이구나!' 생각했다.

그런데 그 곳에 있던 사람들이 그 두 마리의 개에게 마구 돌을 던지고 있지 않은가? 마치 큰 일이라도 난 것처럼.

"햐, 저 녀석들 큰일이다. 큰 일. 저러면 안 되는데… 어떻게 이런 곳에서… 저렇게 오래 있다보면 죽는데… 빨리 떼어놓아야 해. 빨리."

거의 급박한 목소리로 소란을 피우며 그 두 강아지의 연결된 가운데 부분을 돌로 맞추고자 했다. 그 말을 들으니 나도 안타까운 생각이 들었다.

'큰 일? 이런 곳에서 저러면 안 된다니 전염병인가? 전염되면 죽나?'

나는 분명 큰 일이 난 것은 확실하다고 생각이 들면서 그들의 말처럼 그 강아지들이 죽지 않도록 어서 빨리 떼어지기를 기도하면서 그 속에 서 있었다.

한참 보고 있으려니, 그 두 마리의 강아지 표정들이 왠지 날 이상하게 슬픈 마음으로 이끌었다.

돌을 맞으면서 돌을 피하고 싶어도 몸이 불편하여 이러지도 저러지도 못하는 안타까운 표정, 그 어떤 움직임을 해도 날아오는 돌들을 맞을 수밖에 없는 상황을 감수라도 한 듯한 거의 자포자기한 상태의 눈빛… 그들은 서로 그렇게 안쓰러운 눈빛을 하면서 연결된 채 약간씩 아주 약간씩 앞뒤 걸음질만 조금씩 조금씩 할 뿐이었다.

마음이 아팠다. 돌을 던져 떼어내야만 그 강아지들이 그런 병에서 나아진다는 말이 내게 그 강아지들을 더욱 불쌍하다는 생각을 들게 했다.

그때의 그 두 강아지의 표정들을 난 아직도 지울 수가 없다. 그들은 그 병에서 살아나고 싶은 의욕보다는 지금 사람들이 던지고 있는 그 돌들로 인하여 더 고통스러워하고 있다고 내게 말하는 것 같았다. 그때의 그 강아지의 표정들이 얼마나 안쓰럽고 불쌍했던지 나는 그곳의 분위기상 돌을 던져야만 그들을 돕는 상황이었음에도 불구하고 차마 돌을 던지지 못하고 돌아서서 집으로 향했다.

지금 나는 어른이 되어 성숙한 한 여인으로 되어 있다. 성장하면서 동물의 짝짓기에 대하여 배웠으나 그 지식들을 어린 시절의 그 장면과 연결시켜 생각해 본 적이 없다. '짝짓기!' 그 말의 속뜻도 모르면서 그저 시험을 위해 달달달 외우기만 했을 뿐. 다만 초가을 날, 사랑으로 한 몸 되어 날아다니는 잠자리의 모습에서 그 추억을 떠올리곤 한다. 그래서일까, 아이들이 그런 잠자리를 잡는다고 뛰어다니면 웬일인지 난 가슴이 서늘해지면서 어린 시절의 그 신작로가 떠오르며 나도 모르게 내가 그때의 그 강아지의 눈빛이 되어버리곤 한다. 그러면서 생각한다.

'그 강아지들의 영혼이 지금 어딘가에 있어 내 마음의 소리를 들을 수 있다면 얼마나 좋을까?'

그들에게 말하고 싶다.

"돌을 던진 모든 사람들을 대신해 속죄하고 싶다."

"무지하고 잔인한 사람들을 용서해 주렴."

사랑하는 방법조차 우리와 같지 않으면 돌을 던지는 사람들! 종교든 문화든 이데올로기든 나의 그것과 같지 않으면 쉽게 인정해 주지 않고 받아들이려 하지 않는 우리네 나쁜 습성을 나는 그 유년의 기억에서 반성하게 된다.

선진국 대열에 우뚝 선 영국에서 대법원이 이슬람의 전통복장인 질밥의 학교내 착용을 금지한 조처가 합법이라 판결한 것과 프랑스의 학교 히잡 착용금지 법률 통과는 역사에 길이 남을 '현시대의 부끄러운 돌 던지기'가 아닌가 한다. 또한, 세계 여러 나라 사람들이 본인들은 여러 가지 이상한 고기는 물론 타국의 신적 존재인 '소' 고기 먹기도 다양하게 즐기면서 자신들이 좋아하는 애완동물을 어느 민족인가가 잘 먹는다면 그 민족에게 손가락질하며 야만인 다루는 듯한 질타의 글을 책이나 매스컴에 함부로 올리는 정말 자신밖에 모르는 사람들, 본인들의 민족주의자들은 대찬양하면서 타국의 민족주의자들은 존중할 줄 모르는 얄팍한 시야의 사람들, 같은 나라 같은 피를 나눈 사람임에도 불구하고 이데올로기가 다르다 하여 자신의 민족에게 유익한 일을 했음에도 불구하고 죄를 씌워 옥에 가두는 사람들, 인권 존중을 외치면서 유색 인종의 미녀들을 상품화하여 사고파는 사람들, 세계평화를 주장하면서 인권이 먼저인지 문화적 상대주의가 먼저인지 분간할 줄 모르는 사람들.

나의 유년의 기억은 이런 모순된 사람들을 떠올리게 한다.

"현명한 사람의 영혼만이 말 못하는 짐승의 눈빛이 말하는 것을 이해할 수 있다."고 어느 한 인도 시인이 말했다 했던가?

　짐승의 눈빛을 헤아리기 이전에 사람과 사람의 눈빛이라도 제대로 헤아리는 우리네 삶이었으면 좋겠다. 어디까지가 사람이고 어디까지가 짐승인지 요즘은 분간할 수 없는 일들이 너무도 많이 일어나기 때문이다.

　우리는 어쩌면 짐승의 말 없는 눈빛에서 삶의 지혜를 배워야 하지 않을까?

　'아직도 돌을 던지고 있는 사람들!
　아직도 이유 없이 돌을 맞고 있는 사람들!
　나는 돌을 던지는 사람인가, 짐승인가?
　나는 돌을 맞고 있는 짐승인가, 사람인가?'

　내 유년의 기억은 늘 이런 물음들을 내게 던진다.

잊을 수 없는 제자 · 1
-이름만 떠올려도 행복해지는 제자, 도원에게

도원,
너의 선행을 기억한다

6학년 소풍 날
친구들이 흘린 과자 봉지와
우리가 앉은 자리 주변의 쓰레기들을
시키지도 않았는데
네 손으로 주워 버려주었지

체험학습 날
수돗가에 널려있는
네가 버리지도 않은 음식 찌꺼기들을
시키지도 않았는데
아무렇지도 않게 쓱쓱싹싹 한 데 모아 버려주었지

도원,
너의 호기심과 탐구심을 기억한다
그림에 관심이 있는 너는
저녁 시간 때때로 선생님 집에 놀러와
명화집을 탐독하곤 했어

도원,
너의 따뜻한 정과 섬세함을 기억한다

대학원 공부로 내가 힘든 시기
중학생이 된 네가
어느 휴일, 두 친구와 함께 찾아와
선생님과 낚시를 가고 싶다고 했어
선생님은 낚시를 해본 적이 없다 하니까
머리도 식힐 겸 그냥 가시기만 하면 된다면서
이미 준비한 낚싯대를 보여주고
낚시 옷을 내게 입혀주었지

돌 위에 앉아 낚싯대를 드리우고
흐르는 물만 물끄러미 바라보던 나는
문득 생각했지
'낚시는 물고기를 낚기보다 생각을 낚는 거구나.'

너의 도움으로 간신히 물고기 한 마리를 잡았지만
물고기 입에서 피가 나오는 것을 보고
우린 얼른 놓아 주었어

너의 따뜻하고 섬세한 배려로
선생님은 두고 두고 잊을 수 없는
처음이자 마지막의 낚시를 해 보았단다

도원,
너의 예술적 감성과 재능을 기억한다

나의 생일날
둥그런 나무판자에
손수 불인두로 새긴
나의 모습과 너희 삼총사의 모습을 선물했지
나는 놀랐고 감동했어

내가 인사이동으로 떠날 때
네가 마지막으로 차에 넣어준 작품은 날 울게 했다
교실에서 하교 직전
다 함께 큰 소리로 읊었던 급훈
「건강한 어린이
 성실한 어린이
 생각하는 어린이」
"이젠 으른을 향해…"로 끝을 맺었지
불인두로 그것을 일일이 다 새기기에
얼마나 힘들었을까
어른을 으른으로 표현한 네 변함없는 유머로
잠시 미소지었지만
차에 오면서 선생님은 하염없이 눈물을 흘렸단다

도원,
많은 세월이 흘러도
너의 선행과 선생님을 위한 배려와 사랑은
잊혀지지 않고 가슴에 남아 있단다

고맙다
그리고, 미안하다
더 잘해주지 못해서…

사랑한다
너의 앞날에 건강과 튼튼한 행복이
늘 함께 하길 기도할게.

도원의 생일 선물

잊을 수 없는 제자 · 2
- 엄마가 둘인 아이

아이들은 해맑다. 싱그런 아침 이슬처럼 혹은 금방이라도 꽃잎을 터뜨려 꽃을 피울 것 같은 한껏 부풀어 있는 꽃봉오리처럼.
 나는 이 해맑은 아이들의 웃음 속에서 하루를 열고 하루를 접는다.
 사람의 만남이란 얼마나 경이로운 일인지 시간이 흐르고 흘러 어느 정도 세월의 두께를 이루어도 그 두께를 깨고 마치 어제인 듯 살아나는 만남들이 있다.
 잊지 못할 나의 제자들! 그 제자들이 내게 그런 존재다. 수많은 아이들이 나와 인연이 되어 지나갔다.
 창밖에 보슬비 내리는 지금, 유독 떠오르는 얼굴이 있다. 하하하 호호호 잘 웃고 똑똑하게 말 잘했던, 그러나 내 가슴에 유독 아리게 남아있는 한 꼬마 공주!
 내 나이 24살, 발령 첫 해의 3월 어느 날, 그날도 비 오는 날이었다.
 가랑비가 아침부터 내리는 학교의 운동장은 이른 시간부터 괜한 쓸쓸함을 불러일으켰다. 수업을 1교시만 남겨둔 시간, 나는 자주 창밖을 내다보았다. 우산을 챙겨오지 못한 아이들의 하굣길이 우산 없이도 잘 갈 수 있을까, 그렇지 않은가 비의 상태를 보기 위해서다. 그러던 중 학교 건물 중앙현관으로 막 들어오는 어느 두 여인을 스치듯이 보게 되었다. 짧게 스친 모습이지만 이목

구비가 수려하고, 난하지 않으면서 세련미를 갖춘 용모가 이지적인 인상과 함께 긴 여운을 남겼다. 그러다 또 수업…. 한참을 아이들과 씨름을 하고 있었는데 갑자기 노크 소리가 들렸다. 교감 선생님이셨다. 잠깐 교무실에 오라고.

교무실에서 교감 선생님의 소개로 나는 그 두 여인과 정식으로 인사를 나누게 되었다.

"이 분은 선생님께서 맡고 계시는 수진이의 친엄마이십니다. 이 분은 이모님. 수고스럽지만 선생님이 아이와 함께 두 분과 나가서 식사를 하고 오셔야겠습니다. 어머님이 단 한 번이라도 아이에게 맛있는 것을 사주고 싶으시다 하시네요."

"아~, 예."

"아이는 지금의 새엄마가 친엄마로 아니까 말씀 중에 조심하시구요. 새엄마께는 방금 제가 알렸습니다. 친어머님이 오셨다고. 아마 곧 학교로 오실 거예요. 제가 새엄마랑 약 1시간가량 이야기를 나누고 있을 테니까 되도록 빨리 식사를 하고 오시도록 하세요."

교감선생님은 그렇게 소개를 해 주신 후 두 분의 뒤를 따라 밖으로 나가는 나를 쿡 찌르시며 귓속말로 말씀하셨다.

"친엄마가 아이를 함부로 데려가지 않도록 아이를 잘 돌보아야 해요."

"……."

나는 어안이 벙벙했다. 정리되는 생각이라곤 오직 한 가지밖에 없었다.

'친엄마?, 새엄마? 아니 수진이가…?'

갑자기 나는 그 밝고 똑똑하고 이쁜 행동 잘하는 수진이가 한 없이 안쓰럽게 생각되어지면서 마음이 마치 급행열차를 타듯 바빠지기 시작했다.

'전후 사정이야 어떻든 친엄마의 얼굴도 모르는 수진이가 너무 안쓰러워. 나는 꼭 수진에게 친엄마의 얼굴도 보여주고 아주 잠깐이라도 친엄마의 따뜻하고 진한 사랑을 맛보게 해줘야 해.' 생각하면서 서둘러 아이로 하여금 가방을 챙기게 했다.

지금 생각해 보면, 내가 그렇게 허둥지둥 댔던 것은 내게 그런 상황의 경험이 전혀 없었던 탓도 있었겠지만, 아마도 그동안 내가 받아온 교육—"친엄마는 좋은 엄마, 새엄마는 나쁜 엄마"—으로 인한 편협된 사고 때문이 아닌가 생각한다.

교실 정돈을 하는 둥 마는 둥 나는 무슨 정의로운 일을 해내듯 벅찬 감정으로 다른 아이들을 집으로 보내고 수진이와 손잡고 교실에서 나왔다. 그 두 분은 현관 밖에서 기다리고 계셨다.

복도를 걸어 나오면서 나는 그제야 고개를 드는 고민스러워지는 생각들을 만날 수 있었다.

'나는 무어라고 이 어린 아이에게 저 두 분을 소개하고 함께 식사를 하지?'

궁리 끝에 아~하면서 수진에게 말했다.

"수진아, 수진이가 착하고, 발표 잘하고, 바른 행동 많이 해서 선생님이 상 주려고 교육청에 알렸더니 교육청에서 장학사님이 나오셨어. 수진이 만나보려고. 아마 선물도 주실 거야."

친엄마가 아이를 찾아오는데 선물 하나쯤 없을까 싶어 나는 그렇게 얘기했다. 아이는 놀라면서도 기쁜 표정을 감추지 못했다.

현관 밖에서 막 신발을 갈아 신고 있는데 수진이가 말했다.
"어, 저기 우리 엄마다!"

수진이가 가리키는 곳을 보니 교문을 막 들어서고 계시는 수진이의 새엄마(수진이가 알고 있는 수진이의 친엄마)가 보였다. 나는 순간 무언가 쿵 하면서 가슴이 두근거리기 시작했다.

"수진아, 시간 없어. 빨리 가야 해."

나는 수진이의 손을 이끌고 그 새엄마와 마주칠까 두려워 정문으로 가지 않고 빠른 걸음으로 그분들에게 따라오라는 손짓을 하며 건물 오른쪽 '개구멍'이라 별명 붙여진 작은 출입구로 향했다. 나는 그 작은 개구멍을 거의 포복 자세를 하고 아이의 손을 이끌며 빠져나왔다. 그 두 분 역시.

성공적으로 학교를 나온 우리는 어느 작은 중국집으로 갔다. 친엄마가 수진에게 무엇이 가장 먹고 싶냐고 물으니까 수진이가 "짜장면"이라고 대답했기 때문이다.

눈물겨운 부분은 그 중국집 작은 방에서부터 일어났다.

나는 방에 들어가자마자 수진이를 친엄마의 맞은 편에 앉혔다. 친엄마가 수진이의 얼굴을 많이 보시라고, 그리고 초등 3학년인 수진이가 언젠가 커서 자신의 상황을 알게 되었을 때 친엄마의 얼굴을 어렴풋이나마 기억하라고.

자리에 마주 앉자마자 수진이의 엄마는 상위로 수진이의 손을 끌어당기면서 당신의 두 손으로 그 작은 두 손을 쓸어내리며 쓰다듬고 또 쓰다듬고…. 그러다 눈물이 그렁그렁…. 아무런 말씀도 하지 않은 채 그저 그 아이를 한없이 바라보고만 계셨다. 다행히 수진이는 부끄러운지 고개를 숙이고 있던 상태라 엄마의 그 맺혀지는 눈물을 보지 못하고 있었다. 엄마는 더 이상 참지 못했는지 화장실에 다녀온다면서 자리를 잠깐 비웠다. 나도 그 순간이 얼마나 슬펐던지 눈물이 주체할 수 없이 흘러내렸다. 감추려 해도 감추어지지 않았다.

짧은 시간이었지만 너무나 무겁고 긴 침묵이 흐르고 있는 것 같아 아이에게 이상한 느낌을 줄까봐 내가 가까스로 말을 꺼냈다.

"수진아, 선생님 지금 너무 감격스럽고 행복해서 눈물이 난다. 우리 수진이가 이렇게 자랑스러울 수가 없어. 앞으로 더 착하고 바르게 학교생활 잘해서 또 상받자."

그 날, 이모가 수진이의 손을 잡고 시장에 나가 수진이가 가장 갖고 싶다는 인형을 사주러 나갔을 때, 나는 그 시간 수진이의 친엄마와 잠깐 이야기를 나눌 수 있었다. 수진이가 엄마와 왜 어떻게 헤어지게 되었는지를….

"수진 아빠와 저는 깊이 사랑하는 사이였어요. 시어머님의 완강한 결혼 반대에도 불구하고 결혼을 하게 되었지요. (중략) 어른들의 반대 결혼은 결혼생활을 그리 평탄하게 하지 못했어요. 너무 힘들었지요. 특히 외아들이라…. 결국 수진이 한 살 때 헤어지게 되었어요. 지금 생각하면 우리가 잘못 판단한 것 같아요. 자식에 대한 그리움이 얼마나 큰지…."

말씀을 하시던 수진의 친엄마는 말씀을 다 맺지 못하시고 그렁그렁했던 눈물을 뚝뚝 흘리셨다.

가슴이 아팠다.

그 날 아무것도 모르는 수진이는 그 인형선물을 안고 의기양양

집으로 향했다.

이튿날, 나는 예상치 않은 저녁 초대를 받았다. 수진이의 친할머니로부터. 학교까지 직접 찾아와 초대를 하신 할머니는 의연함과 겸손함이 깃든 태도로 마치 초대를 받아들이지 않으면 안 된다는 느낌을 받게 했다.

"선생님 힘드신데 이런 부탁을 드려 죄송스럽지만, 제 며느리와 제가 선생님께 만나서 긴히 드릴 말씀이 있습니다."

나는 어제의 그 분위기가 떠오르면서 왠지 이상한 느낌이 들어 그 정중한 초대를 받아들이지 않을 수 없었다.

약속 장소에는 할머니 혼자 계셨다. 얼마 동안 할머니의 이런저런 말씀을 들었다.

어제 큰 가정불화가 있었다는 것. 수진의 새엄마도 수진에게 무척 잘하고 있다는 것. 그러나 아무래도 수진이를 따로 할머니께서 데리고 나와 길러야겠다는 것, 등등.

얼마쯤 시간이 흘렀을까 수진의 새엄마께서 오셨다. 기분이 묘했다.

새엄마의 결론은 이랬다.

"앞으로 친엄마가 아이를 찾아오면 아이를 보여주지 말 것. 친엄마가 찾아오면 자신에게 먼저 알릴 것. 친엄마는 아이를 달라지만 나는 주고 싶지 않다는 것.

수진이가 자신을 친엄마처럼 여기니 자신을 잘 따르도록 실망시키지 않게 해 달라는 것. 어제 날 보고도 본 체도 하지 않고 아이의 손을 잡고 황급히 가시는 선생님의 모습이 기분 나빴다는 것. 한 번만 이런 일이 더 있으면 선생님을 고소하겠다."고.

다소 밝지 않은 표정으로 인사를 하시긴 했지만 시종 예의 바른 어조와 태도로 말씀을 하시는 편이라 나는 어제의 일에 대한 아무런 변명도 하지 않은 채 그냥 묵묵히 듣고만 있었다. 다만 잘 알았다는 표정으로 고개를 약간씩 끄덕이며 답례를 표했을 뿐. 그러나 마지막 표현에 나는 무언가 얻어맞은 듯이 갑자기 머리에서 쾅 소리가 나는 것 같았다.

'아이를 얼마나 사랑하고 빼앗기고 싶지 않으면 이러실까? 다른 새엄마들 같으면 얼싸 좋아라고 아이를 보낼텐데….'

집에 돌아와 나는 내 자신의 행동을 돌아보며 동기야 어떻든 '새엄마'에 대한 나의 편협된 사고로 인한 나의 중도를 걷지 못함을 부끄러워하며 하루를 정리했다.

그 이후 며칠 후의 일이다.

수진의 일기는 슬프다 못해 참혹함이 배어 있었다.

"내가 착한 일을 해서 상을 받았다.

원피스 입은 예쁜 인형.

누우면 눈을 감고 일어나면 눈을 뜨고….

정말 갖고 싶었던 인형이었다.

그런데 엄마가 동생과 싸웠다고 그 인형을 버렸다. 보기 싫다고.

매도 맞고 인형도 잃고….

다시는 동생과 싸우지 말아야겠다."

그날 방과 후, 나는 수진이와 함께 긴 데이트를 했다. 수진이가 너무 안쓰러워 무언가 마음이 따뜻해지는 선물을 해 주고 싶어서였다.

우리 둘은 근처 성당으로 발길을 옮겼다. 그 성당의 뜰은 사람의 마음을 까닭 없이 평안하게 하는 고요함이 깃들여져 있었다. 펼쳐진 푸른 잔디와 간간이 서 있는 키 작은 나무들, 그 나무들은 아이들이 잎을 만지며 이야기하기에 좋았고, 잔디 위에 자연스럽게 놓여져 있는 돌들은 우리가 마주 앉아 이야기할 수 있도록 마치 오래전부터 우리를 위해 준비되어져 있던 안락의자처럼 평안을 안겨주었다.

나는 수진이의 손을 잡고 성당 뜰안을 천천히 말없이 걸었다. 수진이는 처음엔 무언가 조잘조잘대더니 차츰 성당의 분위기에 압도되어서인지 조용해지기 시작했다. 천천히 걸으며 키 작은 나무들을 지날 때만 손가락으로 나뭇잎들을 한 번씩 스치듯이 건드릴 뿐.

나는 무슨 말부터 해서 이 아이의 상처받은 마음을 치유해 줄까 생각하고 있었는데 문득 수진이가 먼저 말을 건넸다.

"선생님, 선생님 결혼 언제 하실 거예요?"

"글쎄, 언제 할까? 왜?"

갑자기 당황스런 질문에 놀랐지만 차분히 대답했다.

"아니, 선생님 결혼하시지 말라구요."

"왜~?"

"선생님 결혼하시면 지금처럼 우리 많이 사랑해 주시지 못하잖아요. 이렇게 같이 손잡고 걸을 시간도 없구요."

"아냐, 선생님은 결혼해도 사랑 많이 줄 수 있어. 또 이렇게 걸을 수도 있고…."

"아닌 것 같은데…. 결혼하면 바쁘잖아요."

"그런데, 우리 수진이가 왜 그런 생각을 했을까?"
"선생님은 우리 엄마보다 저에게 더 잘해 주시는 것 같아서 저는 선생님이 어디 가시는 게 정말정말정말 싫어서요."
아이는 몸을 으스러뜨리며 "정말"을 강조했다.
"엄마가 어떻게 대해 주시는데?"
"선생님은 공평하시잖아요. 아이들이 싸우면 똑같이 혼내시고, 달래주시고….
그런데 우리 엄마는 동생과 싸우면 항상 나만 더 혼내세요. 달래주지도 않구요."
"오~, 속상하겠구나. 아빠도 그러셔?"
"아뇨. 아빠는 제 편이에요. 동생과 싸운 날은 아빠와 엄마도 싸워요. 엄마가 저만 혼냈다고 아빠가 엄마보고 마구 뭐라 하세요."
"……."
나는 생각했다.
'이럴 때 나는 무어라 말을 해야 이 아이의 아픈 마음이 가장 따뜻하게 위로 받을 수 있을까?'
나의 역부족을 턱없이 느끼는 순간이었다.
아이와 성당을 돌며 나는 자주 하늘만 보게 되었다. 아이의 여러 가지 말을 들으면서 가슴이 답답해지기도 하고 눈에 눈물이 고여 오기도 해서….
'아, 가엾은 나의 아이들아!'

지금 창밖은 여전히 보슬비가 내리고 있다. 촉촉이 젖은 빈 운동장을 한 아이가 우산도 없이 달려가고 있다. 마치 유성이 획을 그으며 지나는 것처럼 운동장 가운데를 사선으로.

수진이와 같이 엄마가 둘인 아이들이 늘어가고 있는 요즘, 수진이는 이제 단 한 사람의 존재로 내게 남지 않을 것이다. 제1, 제2의 수진이가 늘어나면서 나는 한 인간으로서, 자식을 가진 한 어머니로서, 그리고 엄마가 둘인 아이들을 지도하는 교사로서 어떠한 마음가짐으로 교육과 생활에 임해야 할지 나의 역할에 대해 다시금 깊게 생각하게 된다.

수진에게 지금보다 더 좋은 밝은 미래가 펼쳐지길 기도하면서 가을비 내리는 창문을 닫는다.

* 수진 : 개인정보보호상 가명을 사용함.
* 일기 인용에 대하여 : 글을 쓴 당시는 일기 지도로 생활지도와 글쓰기 지도를 할 수 있는 시기였다.

이해의 꽃
사랑의 별
행복의 노래

초판 1쇄 인쇄 | 2022년 10월 10일
초판 1쇄 발행 | 2022년 10월 15일

지은이 | 박 금 선
발행인 | 김 영 만
주 간 | 이 현 실

발행처 | 도서출판 지성의샘
출판등록 | 2011. 6. 8. 제301-2011-098호
주 소 | 서울시 중구 을지로 14길 16-11
전 화 | 02-2285-2734, 2285-0711
팩 스 | 02-338-2722

ISBN : 979-11-6391-051-0

값 15,000원
* 파본 및 잘못된 책은 서점에서 교환해 드립니다.